消費される階級

酒井順子

集英社

はじめに

今、あってはいけないものとされているのが、「差」です。差別はもちろんのこと、格差だの段差だのといった「差」の字が入る言葉はたいてい、よくないことを示す時に使うもの。「違い」があるのは当たり前だが、「差」はなくしていくべきであると、現代の人々は考えているのです。

「差」も「違い」も、似たような意味合いの言葉ではあります。が、「差」には是正すべきイメージが付きまとい、「違い」にはそれがない。金子みすゞは、

「みんなちがって、みんないい」

と詩を書きましたが、彼女は決して、

「みんな差があって、みんないい」

とは書かないことでしょう。

「差」と「違い」には、このようにイメージ上の〝格差〟があります。物事を比較して上

下に並べた時に生じるものが「差」であり、対して「違い」は、比較や序列化の意思なく物事を横に並べてみた時に目につく、それぞれの特徴。

「差」という文字のヒールっぷりが目立つようになってきたのは、「格差」や「格差社会」という言葉が注目された頃です。「格差社会」という言葉は二〇〇六（平成一八）年に流行語大賞のトップテン入りとなったのですが、受賞者である山田昌弘《やまだまさひろ》氏が二〇〇四（平成一六）年に刊行した『希望格差社会』という本が、格差論の火付け役となりました。

二〇〇六年の流行語大賞においては、「格差社会」の他にも「下層社会」「下流社会」「貧困率」といった言葉もノミネートされています。「豊かになるもならないも、自己責任」といった考え方の流布によって経済的な上下差が著しくなり、階級が固定化されたのがこの頃である模様。

ちなみにこの年の流行語大賞で年間大賞に選ばれたのは、「イナバウアー」（荒川静香《あらかわしずか》選手がトリノオリンピックのフィギュアスケートで金メダルを獲得した時に披露した、背を後ろにそらしながら滑る技）の他にもう一つ、「品格」でした。

こちらは、大ベストセラーとなった藤原正彦《ふじわらまさひこ》氏の『国家の品格』からきた言葉。アメリカ発の市場経済原理が席巻する世において、昔ながらの品格を取り戻すように、と日本人に呼びかける書となっています。

アメリカ風の競争社会の中で、格差だの下流だのといった言葉の重みを実感せざるを得なくなっている日本人に対して、日本にはもともと独自の物差しがあったではないか、と檄を飛ばすこの書。売れに売れたのは、機を見るに敏《びん》な人のみが優遇される世に対して、多くの日本人がうんざりしていたからでしょう。

が、しかし。品格の「格」という語もまた、人や物などが持つ値打ちによって与えられた等級や位、身分、段階などを示す、いわば〝上下差用語〟なのでした。

「格が違う」

などという言い方はまさに、上下の差を実感した時に使用されるもの。

『国家の品格』は、経済のくびきから離れて別の視点を持とうではないかと説く書ではありましたが、しかし「上下差から離れよう」と語る書ではありませんでした。日本人は「品」という部分で上を目指すべきだということで、「上へ」という視点からは自由になってはいなかったのです。

「品格」という言葉は『国家の品格』のヒット後も流行を続け、二〇〇六年に坂東《ばんどう》眞理《まり》子《こ》氏の『女性の品格』が刊行されると、これまた大ベストセラーに。挨拶から服装まで、様々な面においてきちんと生きましょう、と女性に対して提唱するこの本は、「女らしさ」の大切さを説いています。まだ「女らしさ」「男らしさ」といった言葉がタブー視されていなかったこの頃、本書では基本的な女らしさを身につけることによって女性は品を持つことができる、と説かれるのです。

ちなみに「品格」という言葉における「格」だけでなく、「品」もまた、上下差用語なのでした。「信濃《しなの》」「更科《さらしな》」といった語にも見られる「シナ」はそもそも地形を示す語であり、まさに高低差のことを表していたのだそう。それが、序列や階層や差といった、人間同士の間の上下差についても言い表す「品」となったのです。

古典において「品品し」といったら、上品とか品が良いという意味ですし、「品くだる」はもちろん「下品」の意。そんなことを考えると、「品格」がいかに上下差というものに意識的な言葉かがわかろうというもの。経済的上下差で人を測ることは否定しても、人間の根本的な部分の価値で、他者を「上か、下か」で見ることを奨励しているのが、品格本の数々と言っていいのではないか。

この手の動きは、二〇〇〇年代の特徴かと思われます。二〇〇三(平成一五)年に刊行された養老孟司《ようろうたけし》氏の『バカの壁』は、戦後日本のベストセラーランキング四位という空前の売り上げを叩き出しました。これは、「バカ」について書かれた本というよりは「壁」について書かれた本なのですが、多くの人はこの点を誤解。何となく、バカをバカにしている本なのではないかと思い込んだのであり、その後はバカのバカっぷりをあげつらうという「バカ本」のブームが到来します。

バカという言葉は、知能や知識の面で、程度が低い人を揶揄《やゆ》・罵倒する時に使用される、上下差用語です。誰かに「バカ」と言うということは、相手を下に見ることになるのです（林家木久扇《はやしやきくおう》師匠の「いやんばか〜ん」的な昭和艶笑ソングにおける「バカ」の用法は除く）。「バカ」と名のついた本がバカ売れしたことは、本の内容はどうあれ、日本人にいくばくかの刺激を与えたのではないかと私は思います。

「バカって言っていいんだ！」

とばかりに、長引く不景気の中でフラストレーションを溜めた日本人は、他人を下に見てはちょっとした快感を得るように。「バカ」だけではなく、様々な少数派や異端の人々が、その標的となったのです。

一億総中流という時代が終わったらしい二〇〇〇年代は、このように日本人が上下の差というものに意識的になった時代でした。経済的な部分で自信を持つことができないとなったら、他の部分で誰かを下に見るしかない。……ということで、ストレスを発散するための娯楽の一種かのように、他人を下に見るという行為が広まっていったのではないか。

しかし二〇一〇年代になると、そのような流れに抗《あらが》う動きが出てきます。自分より

「下」を見つけることでウサを晴らすのではなく、上か下かという考えをやめようではないか、と考える人々が目立つようになってきたのです。

最もわかりやすい例は、女性差別の問題でしょう。いつの時代も、女性差別に反対する動きはあるものの、その声が無視されがちな時代と、急激に進む時代があるものです。が、二〇一〇年代半ばから現代に至るまでは、世界的に女性差別に対する反発の声が強まり続けています。

女も男も同じ人間で、どちらが偉いわけではない。家庭でもどちらかがイニシアティブを持つのではなく、チームとして共に家庭を運営していこう、という感じ。

また、女性と男性という旧来の分け方にあてはまらない人も存在することや、そのような人々に対する差別への反発も、強くなってきました。

同じように、それまでは当たり前のように存在していた容姿差別や年齢差別といった問題に対しても、NOの声をあげる人が増えてきました。他人を勝手に上だの下だのに配置するという行為全般が、非難されるようになってきたのです。

その背景には、様々な要因があるのでしょう。ポリティカル・コレクトネスの風は二十世紀から少しずつ吹いていましたが、この頃になると次第に強まり、使わない方がよい言葉、というよりも実質的に使用できない言葉がどんどん増えています。そのスピード感は今もなお加速しているのであり、たとえば二〇〇六年時点ではＯＫだった模様の「女らしさ」「バカ」といった言葉も、今は場合によっては炎上の火種となったり、うっかり職場で口にして大問題になったりするケースもあるのでした。

ＳＤＧｓというものの広まりも、上下差是正の動きに拍車をかけているように思います。ＳＤＧｓについては、私も含めてわかったようなわからないような曖昧な捉え方をしている人が多いものですが、こちらは二〇一五年に国連加盟国で採択された、「持続可能でよりよい世界を目指す国際目標」。

十七もの目標が並ぶのでそれぞれの印象は薄いのですが、貧困や飢餓をなくすとか、ジェンダー平等といった目標は、反・上下差系の目標でしょう。健康、福祉、教育、水、トイレ、エネルギー、平和と公正といったものを「みんな」が享受できるように、という目標群もまた、反・上下差系の項目。

さらには、

「人や国の不平等をなくそう」

という、上下差全般をざっくりと否定する項目もありました。全ての「差」は、世界を持続不可能な方へと導く、という考えが、ＳＤＧｓのベースには存在します。

反・上下差活動の影響は、私の生活の中にも如実に表れています。たとえば数年前であれば、私は「ブス」という言葉を文章の中で平気で使用していましたが、今それは非常に書きづらい言葉。醜女《しこめ》もナンだしな……などと思いつつ「不細工な女性」などと書いたり消したりしているのです。ブスのみならず、二〇一〇年代になってから使用が難しくなった用語は、ぐっと増えたのではないか。

この動きを「言葉狩り」とする向きもあるとはいえ、たかが言葉、されど言葉。「ブス」という言葉を避けることによって、容貌を揶揄する場は少しずつ減少し、容貌に対する意識も変わってくるというものでしょう。

が、しかし。先日とある和食店で食事をしていると、隣にはスーツ姿の男性ばかりのグループが座っていました。同じ会社の人々であることが推察されたのですが、仕事の話の合間に漏れ聞こえてきたのは、

「で、そっちの部の美女って言ったら、誰になる？」

という問い。座の中央にいる、長《おさ》的存在の男性が口にしたのですが、すると周囲の男性達は、

「〇〇と××がツートップですかねぇ。あっ、△△も自分的には好みかな」

「あー、△△はいいよね。うちの部はそういう意味では不毛だからなー。ブスばっかりっ

すよ」

などと、生き生きと語り出しました。

その話を横で聞いていた我々は女四人だったのですが、

「会社で女性の容貌に触れるのはタブーっていう世の中だからね……」

「こうなりますわね」

と語り合っておりました。

「ま、我々も女同士の飲みの場では、男性社員の容姿品定めとか、しそうだしなぁ」

とも。

すなわち、ポリコレやらSDGsやらで差別や格差を無くして、様々な違いを持つ人々が全て横並びで生きていきましょう、という世になったことによって、上下差への欲求は、水面下に潜ったのです。会社で話せないことは、飲み会の場で。皆がいる場で話せないことは、男だけ／女だけの場で。口に出せないことは、ネットで。……等々、水面下に潜った上下差に対する希求は、場を移して燃え続けているのではないか。

歴史を振り返ると、人間は序列をつけるのが大好きな生き物です。サル山やらライオンの群れにもボスから続く序列があることを考えると、それはもしかすると生物としての本能なのかも。

序列をつけることは、生き抜くための知恵でもあります。「みんな横並び」という状態の集団よりも、上下の序列がきちんとついている集団の方が、明らかに組織運営はしやすい。軍隊などは特にそうでしょう。

経済力や家柄や統率力が「上」の人々が集団の「上」に立つ世の中がどの国でも長く続き、そこには階級が定着しました。ある階級に生まれるとそこから抜けることはできず、子孫達もずっとその階級で生きていくしかない。……というシステムを崩すべく、やがてあちこちで革命が起こり、古い階級が消滅して近代が始まったのです。

日本でも明治維新という革命や、第二次世界大戦での敗戦によって旧来の階級は消滅した、ということになったものの、女は男よりも下、といった階級は残り続けました。華族だの士族だのといった階級はすでに日本には存在しませんが、周囲を見回してみれば、いまだ何と多くの上下差が存在することか。華族だの士族だのといった明確な身分差があった時代よりも複雑で巧妙な見えない階級があちこちにあって、私達はしょっちゅうその段差に蹴つまずいているのです。

人が二人いればすぐに上下をつけたくなる人間という生き物は今、もしかしたら本能なのかもしれないその「上下差をつけたい」という欲望を内に秘めつつ、「違いを認め合い、すべての人が横並びで生きる」という難題に挑もうとしています。実は革命以上の困難を伴うものなのかもしれないその挑戦は、これからどうなっていくのか。我々の生活の中に潜む階級の数々を見つめつつ、考えていきたいと思います。

目次

装画
石野点子

装丁
鈴木千佳子

消費される階級

男高女低神話のゆらぎ

昨今の夫婦の間では、夫が妻の、もしくは妻が夫のキャリアや才能に嫉妬するという現象が見られるのだそうです。

それは夫婦に限らず、恋人同士でも同様のようですが、カップルの片方が良い会社に転職したとか、昇進したとか、資格試験に合格したといった時、もう片方は「よかったね」と言いつつも心の中にはモヤモヤが広がっていき、

「なんでこの人の方が自分よりも……」

と嫉妬心を募らせるのです。

その昔は夫婦間での嫉妬といったら、浮気が絡んだものがほとんどでした。別の異性がカップルの間に割り込んできそうになった時、ジェラシーの炎が燃え立ったのです。

多くの妻が夫の経済力に頼って生きていた時代、夫が外に女を作るということは、二重の意味で既得権益の侵害となりました。愛情を独占できないことも悔しいし、

「浮気相手にそんな高いプレゼントを買うお金があるならその分を……」

というように、経済的な問題も絡んできたのです。

もちろん今も、その手の嫉妬心は存在し続けています。しかし時代の変化に伴い妻が経済力を持つようになったことによって、嫉妬の火種は、浮気問題だけではなくなってきたようなのでした。

昔の妻達は、夫のキャリアが上がることに、純粋な喜びを感じていたはずです。振り返ればバブルの時代は、「三高《さんこう》」という言葉が流行ったもの。学歴、収入、身長という三条件がそれぞれ高い男性と結婚したい、という女性の思惑をその言葉は示したのであり、「あまりに物質的」と、三高狙いの女性達に対する批判の声も上がりました。

三高とは、「三つの条件が、高ければ高いほど良い」という意であると同時に、そこには「三つの条件が、自分より少しでも高い男性が良い」という感覚も含まれていました。様々な条件が男高女低である方が、日本のカップルは安定することを当時の女性達はよく知っていたのであり、結婚相手には「高」男性を選んで自分を「低」の位置に置き続けることによって、安心できる未来を手にしようとしたのです。

逆もまた真で、この頃の男性達は、色々な部分で「自分よりちょっと『低』」の女性を求めました。男が主で女が従、という長い歴史を持つ我が国に生きる身としては、自分よりも女性の方が「高」という状態に置かれると、甚だ不安に。学歴も、年収も、身長も、そして年齢も、自分よりちょっと低い女性と共にいる時、彼らは安心することができたのです。

例外だったのは、容貌のレベルです。男性は、容貌ばかりは、自分よりも高いレベルの女性を求めるケースが多かったもの。特に、収入は高いが容貌は今ひとつという男性は、容貌がうんと高レベルの妻を得ることによって、自身の収入や能力が伊達ではないことを周知しようとする傾向がありました。

しかし容貌以外の部分で、常に男の方が女よりも全て「高」の状態であり続けるのは、現実的には不可能です。女も男と同じ人間なので、どうしても、女の方が男より「高」とか「上」になってしまう時もあるのですから。

そんな時のために日本女性が身につけた技術が、「男を立てる」というものでした。明らかに男性よりも女性の方が能力が高かったり知識が豊富だったりしても、できないふり、知らないふりをして、男性に恥をかかせないようにするのが、「男を立てる」。それは、人工的に「男高女低」状態をキープするためのテクニックです。

「男を立てる」という手法は、儒教の思想から発生したものなのでしょう。男と女のみならず、親と子、主と臣など、様々な人間関係を上下関係に厳格に当てはめることによって、スムーズな組織運営を図ったのが、儒教。男性が自分より「高」な位置からずり落ちそうになったら、自分がうんと身をかがめて男よりも低くなることが、女徳とされました。

それにしても、女性から「立てられる」ことは、男性にとって屈辱ではないのだろうか、とかねて疑問だった私。しかしとある中年男性に、「妻のどこを好きになったのか」と聞いた時、

「自分を立ててくれるところ」

と答えるのを聞いて、私は自らの認識を改めました。女がわざと「低」になることは、彼等にとって恥ではなく、思いやりと感じられるらしいのであり、その女徳は、男性に結婚を決意させるほどの魅力となるのです。

とはいえ今の若者は、「男を立てる」と聞いても、その意味がわからないかもしれません。「男を立てる」技術を身につけていたのは、おそらくギリギリ、「三高」を求めていた女性達まで。当時の女性は、将来の生活の安定度を高めるために、絶妙に身を低める技術を体得していたのです。その世代がティーンだった時代に流行った「ぶりっ子」というのもまた、そんな技術の一つの発露だったのだと思う。

三高という言葉が流行ったのはバブルの時代でしたが、バブルが崩壊して右肩下がりの時代に入ると、状況は次第に変化していきます。三高男性と結婚して専業主婦になるというライフコースは、女性にとって狭き門に。「妻は働かず、家庭を守ってほしい」という男性は減少し、「妻も稼いでほしい、それもできるだけ多く」という男性が増加してきたのです。

女性側の「全てが自分よりも上の男性と結婚したい」という願望も、薄れていきました。女性の学歴も年収も、そしておそらくは身長も上昇している中で、「全てが自分よりも上」の相手を欲するのは無謀だと女性達が気づくと、男高女低神話にゆらぎが生じたのです。

そうこうするうちに登場したのが、〝妻のキャリアに嫉妬する夫〟でした。高キャリア女性と結婚し、最初は「妻は家にいてほしい、などと思わないリベラルな俺」を自認していたのだけれど、妻の収入が自分のそれを抜いたことを知ると、次第に心の中がささくれ立つように。

結果、どうしても耐えられなくなった夫が妻に、

「お願いだ、仕事を辞めてくれ」

と頼んだものの断られ、結局離婚したというケースもあったものでした。彼もまた、根っこの部分には「男高女低」がしみついていたのでしょう。

そうこうするうちに、「夫のキャリアに嫉妬する妻」も登場してきました。たとえばとある知り合いの女性は、身長は自分よりも二センチ高いのだけれど、学歴、年収とも自分よりも低い、という男性と結婚しました。彼女は、夫の収入が自分より低いからといって不満に思うこともなく、餃子の王将で食事をする時は夫に支払いを任せ、洒落たイタリアンで食べる時は自分が払う、といった気遣いをしていたのだそう。

しかしある時、夫が外資系企業に転職することになりました。収入は激増し、仕事のやりがいもアップ。社交の場もグッと増えて、充実した毎日を過ごすようになったのです。

実に喜ばしい。……のだけれど、彼女は素直に喜べない自分がいることに気づきます。それまではずっと、「自分の方が上」という感覚でいたのに、夫が急にキャリアアップしたことによって、「敵ではなかった相手に抜かれた」という屈辱を得ることに。初めて覚える「夫の方が上」という感覚に慣れることができず、何だか納得できない日々を過ごしているのだそう。

男は外で働いて家族を養い、女性は家の中のことを取り仕切る、という性別役割分担がはっきりとしていた時代の人からすると、このような感情は信じがたいものでしょう。妻は、夫が成功するために内助に徹する役割なのであって、夫が成功したなら共に喜ぶのが当たり前なのに、と。

妻が夫のキャリアに嫉妬する、という新種の嫉妬は、男女の階級差が少しずつではあれ、減少してきたことによって生じたものです。男と女が同じ土俵に立つようになったからこそ、どちらかの成功のためにどちらかが自分を犠牲にして尽くすのではなく、どちらも成功を目指すようになってきたのであり、結果、夫婦の間に、ライバル的な感覚が生じることに。

そうしてみると、男女の関係を上下関係に当てはめる思考の癖というのは、男性だけが持つものではないことが理解できます。女性であっても、能力や収入如何《いかん》で「自分の方が上」という思い癖は、案外簡単に身につくのです。

とはいえ歴史を見てみると、日本のみならずほとんど世界中で、男女の関係性においては、男が上で女が下、という状態が長く続いてきました。それはなぜなのかと考えてみると、単に「男の方が力が強いから」というだけではないのでしょう。

男女は、人間であるという部分では同じですが、明らかに異なる部分もあります。最も大きな違いは、女性は子供を産むことができて男性はできない、というところ。妊娠、出産、母乳を与える、という「女性にしかできないこと」は確実にあり、その一方で男性は、生きるための糧を得る作業を主に担ってきました。

原始的な時代は、女性が子供を産んだなら、母乳を与えている間に男性が狩猟などに出かけ、獲物を女子供に分け与えたのだと思います。その時代は、それぞれの能力のバランスが取れていたのでしょう。

しかし貨幣というものが登場してくると、「食べ物を持って帰ってくること」が、次第に「お金を持ってくること」となり代わり、お金を稼ぐことの意味が肥大化していきます。ほとんど全てのことがお金でどうにかなるようになると、「お金を稼ぐこと」の価値が、他の何を生産することの価値よりも、ぐっと高くなったのです。

女が「低」であり「下」であるという男女階級の構造は、その辺りから始まったものと思われます。お金の意味が高まるほどに、女性の価値は低下していったのではないか。

日本もまた例外ではなく、というより日本では、諸外国よりも徹底して、お金を稼ぐ場から女性を除外し、「男と女は、違う階級」という意識を人々に叩き込みました。日本が先の戦争に負けるまでは、法律の上でも、女性は男性に支配される存在であり続けたのです。

今の若者にとって第二次世界大戦は、遠い昔の歴史上の出来事、という感覚かと思います。が、父親は元軍国少年で祖父は出征していた世代の私からすると、第二次世界大戦は「自分は体験していないが、それほど大昔のことではない」という認識。その戦争で負けるまでは、女性に選挙権は与えられないどころか政治的には〝無能力者〟とされ、男は婚外セックスし放題なのに対して女は姦通罪で捕まってしまうという状態であったことを知った時、私はたいそう驚いたものです。そんなに最近まで、男女の性差は階級の差として公的に認められていたのか、と。

歴史に「もしも」を持ち込んではならないとは言いますが、もしも日本が戦争に勝っていたならば、日本の女性はさらに長い年月、男性の「下」の立場に置かれ続けたことでしょう。日本の女性達も、戦争前から男女同権を求める活動を行ってはいたけれど壁を突破できなかったことを考えると、もし戦争に勝っていたならば、男高女低状態がさらに長く続いたのではないか。

かつての日本人は、家族を、家系を、そして日本という国を持続させ、繁栄させることは、それほどまでに難しいことだと認識していたのだろうと、私は思います。皆を自由に生きさせたなら、つらい子産み・子育て・家事などをする人はいなくなって、家族や国という組織が崩壊してしまう。そのことがわかっていたから、「女にしかできないこと」を徹底して行わせるため、女を「低」の位置に留めることに必死になったのではないか。

そのためには女性には経済力を持たせず、かつ「女がいったん嫁入りしたら、実家に帰ることは恥」とか、「女は、若い時は親、結婚したら夫、老いては子に従え」といった倫理観も導入。何重にも枷をかけて、女性を家の中に留めたのです。

が、しかし。日本は勝とうと思っていた戦争に負けてしまい、男女平等という感覚が、図らずもアメリカによって導入されました。突然与えられた平等に、日本人が戸惑い続けてあっという間に八十年近く……。

その間日本では、制度上の男女平等と、精神面での男女平等が、同時進行しませんでした。制度や法律等の男女平等が少しずつ進み、女性が経済力を得る道が拓《ひら》けていくのと同程度に、男性の女性認識を変えることはできないままに、その乖離が進んだのです。

「働いてもいいけど、メシはちゃんと作ってもらわないと」

「子育ては女の仕事だろうよ」

と、「女＝低」時代のままの業務を女性が担い続けてくれるものと、彼等は信じ続けました。

しかし、「女＝低」時代の業務と、お金を得るための業務を同時に担うことになって、日本女性は疲弊します。我慢強さでは定評のある日本女性もさすがに我慢がきかなくなり、結婚・出産への夢や希望を抱く人は減少。日本人の非婚化、少子化というのは、制度上の平等と精神面での平等の齟齬によって生じたのではないでしょうか。

昭和三〇年代の雑誌において、主婦のことを「セックスつき家政婦」と呼んでいる記事を見たことがあります。専業主婦が多数だった当時、妻達は確かに、奴隷プレイかのように、夫に仕えていました。スーツの上着を夫に着せたり脱がせたりすることまで、彼女達は自分の業務としていましたし、夫に対しては敬語を使用。どれほど深夜に夫が帰っても服のままで起きて待っていることが、美徳とされたのです。家政婦のように働くのみならず、夫に求められたらいつでもセックスの相手も務めるということで、「セックスつき家政婦」と言われたのでしょう。

今でも日本女性が家事にかける時間は世界有数であり、日本男性の家事のしなさ加減もまた、世界有数です。昭和の夫婦はそれでもまだセックスをしていましたが、セックスレス大国となった今、日本女性は男性にとって「セックスもしないのに大半の家事をしてくれる人」となりました。

結婚する人が減り続け、子供の数が減り続け、そうして日本の人口が減っていくのは、制度上の平等と精神的平等の乖離から日本人が目を逸らし、放置し続けているから。表面的には「平等ですよ」と言われながら、奴隷的日常を課せられ続けるならば、女性達の腰が引けていくのは当たり前のことです。かといって男性だけが悪いわけでもなく、「自分が下にいることにしておけば、面倒臭くない」と、「下」やら「低」やらにあえて身を置き続けた女性もまた、責任が無いとは言えないのではないか。

男が上で女が下、という階級制度を突然失った幻肢痛は、戦後八十年近く経った今も、日本人を悩ませています。民主主義をうたう国となったからには、もう男高女低の世に戻すことはできないのだとしたら、そろそろその痛みを棄ててもいい頃なのではないか、と私は思います。

五十代からの「楢山」探し

　ふと気がつけば、自分と同世代の人々が今、社会においてエイジズム、すなわち年齢差別の渦中にいるのでした。

　今の五十代については、従来も「働かない『会社の妖精さん』」とか、「どうする、『社内ニート』のバブル世代」などと言われてきました。だというのに給料は高いということで、会社におけるお荷物となっているのだ、と。

「いやそれ、差別してるわけじゃなくて、本当に困ってるんですよ我々」

と、若い方々の声が聞こえてきそうではあります。「妖精さん」というそこはかとなく美しいネーミングにも、今時の若い世代特有の優しさが感じられるような気も、するのです。が、五十代は働かないのに給料ばかり高い、というイメージのせいで、まっとうに働く五十代までもが蔑視されることになってはいまいか。

友人知人の中には、五十代になってから、新たな道を探る会社員も目につきます。

「会社にいても何だか肩身が狭いから、早期退職制度に乗っかって、辞めることにした」

という人もいれば、

「どうせ会社にいても、ポジションは不足しているんだし」

と、自身で起業して会社に見切りをつける、という人も。

そんな中の一人は、

「何だか、『楢山節考《ならやまぶしこう》』の坂本《さかもと》スミ子《こ》みたいな気分だ」

と、つぶやいていました。意味がよくわからないという方々は近くの中高年に聞いてみてほしいのですが、『楢山節考』は姥捨《うばすて》伝説をベースにした深沢七郎《ふかざわしちろう》の小説。一九八三年（昭和五八）に映画化された時の主演が、坂本スミ子さんでした。

物語の舞台である貧しい集落では、七十歳になると楢山まいりに行くという習慣がありました。それはすなわち、口減らしのため高齢者を山に置き去りにするという、姥捨行為。

主人公のおりん婆さんは、間もなく七十歳を迎えようとしていました。おりん婆さんは、年をとっても歯が揃ったままでは、食い意地が張っているようで恥ずかしいと、自分で歯を石臼に打ち付けて毀《こぼ》つような人。楢山まいりの時が来ても、躊躇する息子を叱咤して、自身を山へと連れて行かせるのです。

自ら進んで山に入っていくその姿に哀しさが漂った、『楢山節考』。五十代で会社から去る決心をした知人も、「お荷物感を会社に抱かせてしまっているのであれば、いっそ自分から去った方が……」ということで、『楢山節考』の坂本スミ子を思い出したのでしょう。

おりん婆さんの行為は、一種の自殺です。

他者のために自らの命を進んで差し出すその姿勢に、昭和の人々はうっとりしつつ目頭を押さえたのですが、しかし令和の五十代は、自身の楢山まいりにうっとりしているわけではありません。人生は百年だなどと言われている時代に、五十代ですでに楢山感を抱かなくてはならないとしたら、後の五十年はいったいどうしたらいいのか、という思いが、そこにはある。

そんなある日、居酒屋において、若い会社員達が五十代のことを揶揄しているのを、小耳に挟みました。パソコンの使い方もおぼつかないのに学習しようとしないのがムカつくとか、やたらとバブル時代の自慢話を聞かされるのがウザいなど、

「ごもっともでございます」

と言いたくなる話ばかりで耳が痛い……。

一方で彼らの表情を眺めながら、私はデジャヴュ感を覚えてもいました。すなわち、

「自分もかつて、こんな顔をして年長者を蔑視していた気がする」

と。


若さの偉さ、というものに自覚的になったのは、私の場合は高校時代でした。中学時代までは子供扱いされていたのが、高校生になると周囲の大人から、

「高校生なんだ、若いねーっ!」

「お母さんは何歳？　えっ、俺より年下じゃん」

など、しきりと若さを持ち上げられるように。そんな言葉を聞くうちに、「若いということは、偉いということなのだ」と、思うようになったのです。

いつの時代も、若者は自分達だけにしか通じない符丁《ふちょう》のような言葉を使用するものですが、そんな若者言葉を理解することができない親世代を、高校時代の私は鼻で笑っていました。それどころか、大学生のことすらも「もうおばさんじゃんね」的に見ていたものでしたっけ。

とっぷりとエイジズムに浸かっていた、若い頃の自分の表情を思い浮かべれば、バブル世代を揶揄する今の若者の表情と同じであることが理解できるのであり、「因果応報《いんがおうほう》」という言葉が頭に浮かびます。

昨今の若者は、ただ若いというだけで自分が偉いとは思っていません。少子化が進んで数的不利に立たされている若者達はすでに、むやみに大人に反発しない「いい子」ばかり。若いというだけで理由もないのに偉そうにしていたかつての自分のエイジズムっぷりが、恥ずかしくなってくるのでした。

「若いは偉い」という感覚に、自分も首を締められている今。ではなぜそのような感覚が存在するのかと考えてみると、そもそもとにかく日本人は新鮮なもの、目新しいものが大好きなのだ、という説があります。だからこそ大人達は、新米やら初鰹やらが出てきた時と同じような感覚で、

「若いねーっ!」

と、若さに感動するのではないか。

自分が若かった頃は、「若いねーっ!」と言われても、返答のしようがなくて困ったものです。しかし自分が大人になってわかったのは、子供を見れば「大きくなったね」、若者を見れば「若いね」と、当事者がポカンとしてしまうようなことを言わずにはいられないのが、大人という生き物。それらはほとんど、新米がとれた時に神に捧げる、感謝の祈りのようなものなのです。若さは才能やら努力やらの結果として得るものではなく、単なる「状態」ではあるのですが、富士の高嶺《たかね》と相対した時のように、若くない人々は若さに

感嘆し、それを仰ぎ見てしまう。

加齢によって余儀なくされる様々な衰えを自覚した者にとって、艶やかな髪や弾力のある肌を目の当たりにした時に感嘆の声をあげるのは、自然な反応ではあるのです。しかしあまりに若さを寿《ことほ》ぐ声が強いせいで、年をとることに対する忌避感が強まり過ぎている気も、するのでした。

加齢による衰えもあれど、一方では大人になったからこその楽しみや満足感も、多々得ている我々。にもかかわらず、若者を見た瞬間、それらを忘れて若さを賛美してしまうことにより、大人の自信は削られている気がしてなりません。大人だからこその喜びにもっと自覚的になることによって、「若さという偉さ」への過剰反応は減少し、年をとることへの忌避感もまた、少なくなっていくのではないでしょうか。

テレビのバラエティ番組などを見ていると、ロケ先で出会った高齢者に、

「お母さん、おいくつですか？」

などと年齢を聞いたタレントは、その相手が何歳であろうと、そして実際には何歳に見えようと、

「見えませんねぇ！」

と言うことになっています。すなわち、「八十五」とその人が答えたのなら、「とてもそ

の年齢には見えません。せいぜい七十代かと思いました」という意の反応を返すのであり、スタジオの雛壇にいるタレント達も、

「見えなーい！」

と、一斉に唱和する。

この「見えませんねぇ！」を聞く度に私は、「年をとることは、そして年齢が高いということは、そんなにも悪いことなのか」と思うのです。テレビに映っている女性は、「まぁ、それくらいのお年だろうな」という感じの見た目なのであり、「見えませんねぇ！」は明らかにサービス、もしくは礼儀としての発言です。その背景には、「年をとるのは良くないことであるからして、すでに年をとってしまったかわいそうな人に対しては、必ず『実年齢よりも若く見える』と言ってあげなくてはならない」という思い込みがある。

高齢者の年齢を聞いたら必ず「見えませんねぇ！」と返す、というこの定型のやり取りもまた、エイジズムの一種なのではないかと私は思います。言う側としては思いやりのつもりでも、年をとった人を下に見る視線が、そこにはありはしまいか。

そんな時に私は、「素晴らしく年をとっている」ということを言い表す言葉が日本語に

存在すればいいのに、と思うのでした。そのような言葉があれば、まるでウサギと見たら人参を与えるかのように、高齢者に「見えませんねぇ！」という言葉を投げかけずに済むのではないか。そして高齢者を単に「年をとった人」としてのみ見るのではなく、個人として見る視線につながるのではないか、と。

考えてみると、「若さ」や「若い」という言葉の対義語を、我々は持っていません。「高さ」に対する「低さ」のような、そして「高い」に対する「低い」のような言い方が、「若さ」「若い」には見当たらないのです。無理やり対義語にするならば、「年をとっている」ということになりましょうが、若者に対して「若いねーっ！」と言うように、「年とってますねーっ！」

と高齢者に言ったなら、喜ぶ人は少ないことでしょう。

「年をとる」という表現に、すでにマイナスイメージが染みついてしまっているということで、昨今は「年を重ねる」という言い方が、多用されています。その方が、何かが積み重なるかのような厚みが感じられるということで、中高年向けの商品の広告などでは「年を重ねる」が連発され、決して「年をとる」という言い方は使用されないのです。

しかし「年を重ねる」もまた、言葉の上での言い換えでしかありません。わざわざ言い換えなくてはならないほど、年齢が上がっていくという事態は悲観すべきことなのだという感覚がかえって強まる気がしてならず、私は頑なに「年をとる」という言い方を使い続けているのです。

「若い」は、年齢が低いことを形容する言葉です。が、年齢が高いことを示す言葉は、「老いる」「老ける」のように、動詞。このことは、人は年をとることはできるけれど、決して若くなることはできないという事実を示しています。「若返る」という言葉はあれど、それは単なる気分や見え方、もしくは思い込みの問題なのであり、年齢が逆行するという意味ではない。

年齢が高くてもそうは見えない人に使用する、「若々しい」という形容詞も存在します。が、それはほとんど「見えませんねぇ！」と同義の言葉。本当に若い人には「若々しい」とは決して言わないのであって、「々」の字には、老いに対する憐れみがこもっているのではないか。

こうしてみると、儒教というのはなかなかうまいことを考えたものだ、と思えてくるのでした。「長幼《ちょうよう》の序《じょ》」というのは孟子《もうし》が説いた言葉だそうで、年下の者は年長者を敬い、年長者は年下の者を慈しむというあり方を示しています。運動部などでは、「先輩の言うことには絶対服従」的に捉えられている言葉でもある。

しかし「とにかく年長者を敬え」というのは、「年長者は、放っておくと敬われなくなりがち」だからこその言葉だったのかもしれません。孟子が生きた時代であっても、若さの価値があまりに輝いていたからこそ、「とにかく年上は大切にしろ」という規範のようなものをつくったのではないか。

その思想は日本の組織において、うまくはまりました。昭和の時代までは、年功序列という感覚が通用し、企業の中でも人々は安心して、定年までを過ごすことができたのです。しかし今、そのような感覚は崩壊しています。長幼の序のみならず、男女の別であれ君臣の義であれ、儒教的な感覚はすこぶる評判が悪い今の時代。年齢が上だからといって、自動的に敬わなくてはいけないわけではないのでは？……ということに、人々は気づいてしまったのです。

年功序列が通用していた時代は、年長者は皆、知識や経験を積み重ねているものだとされていました。が、実力主義的な感覚が海を越えて日本に入ってくると、年をとるだけで何か良いものが積み重なるわけではない、ということがわかってきます。

同じ頃、日本にデジタル革命というものが到来したことも、年長者の立場を危うくしました。コンピューターなどのデジタル機器を使いこなすことが仕事において必須になってくると、デジタル弱者の中高年達は、ますます窮地へと追いやられたのです。

かくして現代の中高年は、自ら楢山を見つける旅に出ることになったのでした。しかし現代の楢山は、おりん婆さんにとっての楢山とは違います。おりん婆さんにとっての楢山が意味したものは「死」、すなわち人生の終着点。『楢山節考』の舞台となった村では、人生の定年が七十歳だったのです。

対して五十代から楢山探しをしなくてはならない現代では、自ら探した楢山において、人はどうにか生き続けなくてはなりません。人生が百年も続くのであれば、楢山にすら居づらくなって、次の楢山や、次の次の楢山を見つける必要も出てきましょう。

現代は、昔よりもずっと若さの価値が高くなる一方、人の寿命はどんどん伸びている、という世。若さという偉さにあぐらをかいていられる時間はあっという間に終わり、その後は延々と、自分にとっての楢山探しを続けなくてはならなくなりました。

少子高齢化がこのまま進み、極端に少ない若者達の頭上に大勢の高齢者が乗っかっているという世の中になったならば、「若さの偉さ」はさらに高まり、大人達は若さへの賞賛の声を、今よりもっと強めるに違いありません。しかし大量の高齢者から、

「若いねーっ！」

と口々に言われたとしても、未来の若者達は、果たして嬉しいのかどうか。そこに不吉さを感じこそすれ、彼らは決して「私って、若いから偉いんだ！」といった勘違いはしな

いに違いない。

我々が今、五十代から楢山探しをしているのも、昭和の時代に若さの偉さなどというものを無邪気に信じていたせいなのかもしれません。とはいえ楢山が、住みづらい山であるとは限らない。「楢山って、案外楽しいところなのかも」などとつい山の彼方《かなた》に期待してしまうのもまた、妖精世代の特徴なのかもしれません。

まぶた差別と日韓問題

よくあるパターンではありますが、新型コロナウイルスが流行して「不要不急の外出はするな」と言われていた頃に、韓国ドラマを見るようになりました。こんなに面白いんだ……、という驚きと同時に、私が感じたもう一つの驚きは、「一重まぶたの扱い方」の、日韓の違いです。

韓国ドラマにおいては、日本のドラマよりもずっと、一重まぶたの俳優、それも特に女性俳優が重用《ちょうよう》されていました。たとえば、日本でも「六本木クラス」としてリメイクされたことでもお馴染みの、「梨泰院《イテウォン》クラス」。レストラン経営者である男性主人公の頭脳となって彼を成功へと導く女性を演じたキム・ダミは、一重まぶたです。

スタイルが良く、演技力もある彼女ですが、顔だけを見ると、意外に地味。おそらく日本であれば主役級としては配役されず、主役の友人とか同僚として登場するタイプです。しかし彼女は、大人気ドラマのメインキャストとして活躍し、ドラマの中でも美人として扱われているのでした。

はたまた、「トッケビ」で主演を務める、キム・ゴウン。彼女もくっきり一重まぶたですが、数々の恋愛ドラマで主役を張る人気者なのです。

東アジアにおいてお隣同士である韓国人と日本人は、顔立ちはほぼ同じと言っていいでしょう。だというのに韓国では、一重まぶたの女性俳優が恋愛ドラマで主役を張っているのに対して、日本でその手の立場にいるのは、ぱっちり二重の女性ばかりとは、これいかに……。

不思議に思って韓国の知人に聞いてみると、韓国ではもちろんぱっちり二重の女性も人気だけれど、キム・ダミやキム・ゴウン的な一重まぶたの女性が好き、という人もかなり多いのだそう。韓国といえば整形大国ということでも知られていますが、皆が皆、二重まぶたを求めているわけではないようです。

この現象を見て私は、「韓国、先んじている」と思ったことでした。日本のまぶた事情を見ると、一重と二重の格差は相当に大きいのであり、特にテレビなどに映る女性の世界においては、一重差別が如実に存在するのです。

たとえばキー局における女性アナウンサーに、一重まぶたの人はほぼ、存在しません。NHKでは例外的に、有働由美子《うどうゆみこ》のように一重の女性アナウンサーが存在したものの、それでも一重率はごくわずか。民放各社を見れば、一重まぶたの女性アナウンサーはゼロパーセントであり、一重まぶたの女性は、どれほどアナウンス能力に優れていようとも、アナウンサーを志望すること自体が現実的ではありません。

一方、男性アナウンサーはと見ると、二重まぶたの人の割合はグッと減少します。どのテレビ局を見ても、男性アナウンサーは一重と二重が混在しており、二重は必須条件にはなっていない。

この状況は、俳優やアイドルにおいても同様と言えましょう。芸能界でも、男性の場合は、一重まぶたでも人気者になることができるのに対して、女性は二重まぶたでないと、そもそもスタートラインに立つことすら難しかったりするのです。一重まぶたの女性がテレビに出るとしたら、お笑いもしくは文化人系の枠なのであり、俳優業界では自動的に、「個性派」とか「演技派」、はたまた「性格俳優」といった枠に入りがちです。

芸能系の仕事においては、男性は容姿もある程度は大切だが、それよりも実力重視。対して女性は、実力も大事だが、その前に一定条件をクリアしていることが大切。……という事実を、この現象は示していましょう。

日本人は長い時間、「テレビや映画の中心として映る女性は、二重まぶたでなくてはならない」という刷り込みをされていました。女性にとって最も大切なのは顔面の美であり、顔面美にとって最も大切なのは、目がぱっちりしていること。「個性」や「演技」、そして「笑い」や「文化」という、「美」以外の土俵で勝負する女性にのみ、一重まぶたは許容される、と。

私自身も、そのような刷り込みを子供の頃から為されていた一人です。だからこそ韓国ドラマに初めて接して、日本であれば当然のようにぱっちり目の女性がいるであろうセンターの位置に一重まぶたの女性がいることに、驚いたのです。

「この人、ドラマの中で美人として扱われているけど、そう……かなぁ?」

と。

実際、「梨泰院クラス」が「六本木クラス」としてリメイクされた時、キム・ダミが演じた役を務めたのは、平手友梨奈《ひらてゆりな》でした。役のイメージとしてはぴったりの存在感とはいうものの、彼女は当たり前のように二重まぶただった。

ついでに言うならば、「梨泰院クラス」の主演男優のパク・ソジュンも一重ですが、「六本木クラス」ではその役が、ぱっちりまなこの竹内涼真《たけうちりょうま》に。「梨泰院クラス」で一重慣れしていた身には、何となくキレの足りない眺め心地となったのです。

「梨泰院クラス」にしてもそうですが、韓国ドラマにおいては、男性俳優の世界でも、一重率が、日本よりもずっと高いように思います。ぱっちり二重の男性俳優はむしろ少数派で、恋愛ドラマの主役を務めるようなイケメンとされる俳優の多くは一重まぶた。男女を問わず、韓国では「一重美」とでもいうものが、日本よりも重んじられているのではないでしょうか。

朝青龍《あさしょうりゅう》（元横綱）、豊昇龍《ほうしょうりゅう》（朝青龍の甥）といったモンゴル人力士の一重顔が大好きな私は、韓国ドラマを見て、「ここにも一重の楽園があったのか」と新たな発見をしたかのような気持ちになりました。モンゴル人力士とは違って、細身でスマートな一重男性を量産しているのが、韓国だったのです。

さらに思い出したのは、世界的人気のアイドルであるBTSのメンバーです。七人組の彼等ですが、ぱっちり二重の目を持つ人は、一人もいません。全員が一重、もしくは奥二重なのかな？……的なまぶたの、モンゴロイド顔ではありませんか。

もちろん韓国においても、女性アイドルグループは二重まぶたのメンバーばかりであったりはするのです。が、全体的に見ると、日本よりも一重まぶたの人の重用率が高いことは事実。旧ジャニーズに、ぱっちり目のメンバーが一人も存在しないアイドルグループがあったでしょうか。

韓国エンターテインメント業界の状況を見ると、これは一つの戦略なのかも、とも思えてきます。韓国においては、ドラマ、映画、音楽などのエンターテインメント業界に対して莫大な補助金を投入するなど、国をあげてバックアップしていることが知られています。その効果もあって、韓国エンタメは世界進出を果たしたわけですが、その時に韓国の人々は、東アジア人の個性としての一重まぶたを、意識的にアピールしたのではないか。

日本であれ韓国であれ、二重まぶたを美とする感覚は、西洋への憧れに通じています。欧米人のようになりたくて、東アジア人は髪をパーマでくるくるさせたり、整形でまぶたを無理に二重にしたりしてきたのです。

しかし整形などで作り上げたいじましい二重まぶたも、世界の人から見たら、その効果は限定的でしょう。海外では、微妙な二重まぶたよりもくっきりとした一重まぶたの方に、そしてパーマでくるくるさせた髪よりも漆黒のストレートヘアの方に、アジアンビューティーを感じる人も多い。

韓国の人々はその辺りを鑑《かんが》みて、「中途半端な二重まぶたよりも、いっそ一重まぶたを押し出した方が、世界市場では受け入れられるに違いない」と、BTSのような一重スターを意識的に作り上げたような気も、私はしています。もちろん、作品のクリエイティビティや、歌や演技の実力も優れてはいるのですが、世界進出には「一重力」も一役買ったのではないか、と推理するのです。

一方の日本では、いまだ二重信仰が強いのでした。江口のりこのように、一重まぶたで主役級という女性俳優も登場してきたものの、彼女が演じる役もどこか、「個性派」の枠の中だったりもする。

最近私がドラッグストアをぶらついていて驚いたのは、「いまだにアイプチが売られている」という事実でした。アイプチとは、一重まぶたや奥二重の人がまぶたに塗布して、奥に折り込むようにして二重を作るための、糊。化粧品と言うよりは文房具に近い商品ですが、売られているのは化粧品コーナーです。

私の学生時代から、アイプチは存在していました。薄ぼんやりとした目の私ももちろんぱっちり二重の目に憧れていたのであり、アイプチを使用したことがあったもの。

もともと細い目の人がアイプチを使用したとて、目が少女漫画のように大きくなるわけではありません。他人からしたらほとんど誤差の範囲内での拡大、と言っていいでしょう。

しかしアイプチを使用している本人としては、「これで人生が変わるのでは？」という気がしたものでした。ほんの少々にせよまぶたという帳《とばり》が開いたことによって、人生もまた明るく開けるのではないか、と思ったのです。

その感覚は、根深い一重差別が私にも染み込んでいたからのものでした。当時から、テレビに出ている女性は二重の人ばかり。チビッ子の頃から、

「まぁ可愛い！」

と言われるのも、ぱっちり目の子だったのであり、「いい思いをするのは、目の大きな子」という感覚が叩き込まれていました。

一重まぶたの男性のことは恰好いいと思っているのに、女性は目がぱっちりしている方が可愛いと思ってしまうし、自分もまた、目をぱっちりさせたい。……この感覚は、二重が引き寄せる「得」は女性の方が多いことを示します。だからこそ二重を希求する心は、明るさや可愛らしさが求められがちな女性の方が、圧倒的に強い。

それにしても糊でまぶたをくっつけて二重を作るだなんて、昭和の人は健気だったものよ。……と思っていたところに、令和の今もアイプチが売られているという事実を発見し、私は驚いたのです。

「いまだに糊なの？」

と。そして、

「いまだに若い女の子は、目を大きくしたがってるの？」

と。

容姿に対する感覚は、昭和の時代と比べて、かなり変わっています。多様性の尊重という意識が強くなってきたせいで、容姿についても画一的な美を目指すのではなく、それぞれの個性を大切に、という気運が高まったのです。

しかしそれでも、女性アナウンサーや女性芸能人は、やはり目が二重で痩せている人達ばかり。多様性の波は、テレビの世界にはいまだに届いていません。

ドラッグストアのアイプチ売り場には、糊ばかりではなく、テープのようなもので二重を作るという商品も売られていました。が、「二重を一重にする」という化粧品は、見当たりません。同様に、写真を撮ると自動的に目が大きく写るカメラアプリは人気でも、「目を小さくする」という機能は、搭載されていない模様。

日本において目は、特に女性であれば、誰もが「大きくしたい」と思って当然と思われているのでした。切れ長の一重まぶたを気に入っている人もいるだろうに、アプリで写真を撮ると強制的に、ぱっちり目にされてしまうのです。

そんな時に、韓国における「一重美」感覚を知って、私は「やられた」と思ったのでした。かの国の人々は、「一重の方が世界ウケするだろう」という感覚でのみ、一重スターを送り出したわけではないでしょう。一重まぶたの人を本当に美しいと思う感覚自体、韓国の人々は日本人よりも発達しているのではないか。

かなりの割合の日本人が生まれながらに持っている一重まぶたを「美しい」と思うことができるのであれば、我々も糊などの姑息な手段を使用せずに済む。そして韓国の一重スター達が一重力で世界進出を果たしたのだとすれば、我々もニセ二重をせっせと作っている場合ではないのでは、と思います。

日本でもかつて、糸のように細い目が美しいとされた時代があったようです。かつて、と言ってもそれは千年前の平安時代であるわけですが、あの時代の絵を見てみると、女性達はほぼ、糸目。彫りが深くて目が大きいコーカソイド系の顔を見たことがないかの時代の人々は、自分達の顔立ちの中に、美を見出しました。

対して今時のアニメにおける女性達の顔に描かれる目は、平安女性の目の百倍くらいの大きさです。東アジアの端っこに生きる日本の民は、外国の人々と接するようになるにつれて、

「自分達の目、細すぎる……」

と思うようになったのか。それとも戦争に負けたことによって、コーカソイド顔への憧れが噴出したのか。いずれにしても大きな目への憧れが強すぎるあまり、アニメや漫画に登場する少女の中に、一重顔を見ることはできないのでした。

韓国の一重戦略を見るにつけ、日本人もそろそろ、少しずつ二重信仰を手放してもいいんじゃないの、と私は思います。いくら日の丸や「君が代」を国民に強制したとて、自分達の目の形状ひとつ愛せないようでいては、愛国心など育つはずもないのではないか。

それは、たかだかまぶたの皮一枚の問題ではあります。が、生まれたままのまぶたを愛することができたなら、私達の自信はどれほど深まることか。

このような現状を変える可能性を持つのは、ズバリ皇室の方々ではないかと、私は思います。日本を象徴するかのような切れ長一重まぶたを持つ方が多い、皇族。しかし男性皇族方を見ていると、上皇陛下と美智子《みちこ》さまの結婚以降、天皇陛下と雅子《まさこ》さまにしても、秋篠宮《あきしののみや》さまと紀子《きこ》さまにしても、「一重の男性が、二重の女性を娶る」というケースばかりです。

天皇を中心とした皇族が、「一重の男性が、二重の女性を娶る」というパターンを繰り返すことによって、国民は「プリンセスになるのは、やはり二重の女性」との思いを抱きはしまいか、と私は危惧します。

眞子《まこ》さんがぱっちりお目々の小室《こむろ》さんと結婚したことを思い浮かべると、もしかすると皇族の方々は単に「自分とは違うまぶた」に惹かれがちなのかもしれません。しかしこの先、日本に「一重美」の感覚を根づかせるには「一重のプリンセス」の登場がまたれるわけで、そうなると期待がかかるのは、将来の天皇候補である悠仁《ひさひと》さま。

ディズニープリンセスの世界でも、非白人系の姫が多く登場している今、日本のプリンセスもそろそろ、ぱっちり目の人ばかりが選ばれなくてもいいのではないでしょうか。ほれぼれするほどの切れ長一重まぶたのプリンセスが登場した時、日本は様々な意味で、新たな時代に入ることができるのではないかと、私は思います。

〝親ガチャ〟と〝子ガチャ〟

「親ガチャ」という言葉が、昨今の若者の間では使用されているようです。子供自身では選ぶことができないのが親であり、その親のあり方によって、子供の人生がほぼ決まってしまう。……というやりきれなさを、「ガチャ」にたとえて表現するという、この手法。他のネットスラングと同様、「うまいこと言うなー」と思います。

とはいえ「親は選べない」ということも、「どのような親を持つかで、子供の人生は決まる」ということも、昨日今日見られるようになった現象ではありません。有史以来、人は延々と、自分で選ぶことができない親に左右される人生を歩み続けてきたのではないか。

親ガチャという言葉の、新しさ。それは、「子供の人生は、親次第」という、従来であれば当たり前だと思われてきたことに対して、

「親次第で人生がほぼ決まっちゃうって、どうなの?」

と、問題提起をしたところなのでしょう。ガチャで引き当てた親が今ひとつだからといって「仕方がない」と諦めるのではなく、「自分はこんなにひどい親の元に生まれてしまった」と世に訴えたり、「親が今ひとつだからといって、自分の人生も今ひとつになるのはおかしいのではないか」と言ったりしてもいいのだ、という気運を世にもたらしたのです。

洋の東西南北や時代の今昔を問わず、

「なぜ自分は、この親の元に……」

と、人は思い続けてきました。

「私が王家に生まれたお姫様だったら、毎日美しい服を着て、美味しいものをたらふく食べていただろうに」

と、貧しい家に生まれた子は思ったことでしょうし、反対にお姫様として生まれた子は、

「私が普通の家に生まれていたら、こんなに窮屈な日々を送らずに済んだのに」

と思ったに違いない。

実際、現代日本の皇室に生まれた某内親王は、親や世間の猛反対を押し切って恋人と結婚し、自由を求めてアメリカへと渡りました。彼女もきっと、

「どうして私はこの家に生まれてしまったのか」

と、「あまりにレアな親をガチャでひきあてた」感を覚えていたに違いありません。彼女の結婚強行は、親ガチャへの異議を表明するための行為でもあったように思います。

階級社会においては、親が属する階級に子供も属すわけで、多少の努力や根性では、階級の移動はほぼ不可能とされています。日本においては、明治維新後に士農工商的な階級が消え、さらには戦後になって華族制度がなくなりました。皇族という上《うえ》つ方《がた》がごく少数ながら存在するとはいうものの、階級制度は存在しない国だと言っていいでしょう。


それでも若者が「親ガチャ」感を抱くのは、制度としての階級はなくとも、経済力の高低によって形成される階級のようなものが、世に厳然と存在するからです。高い経済力を持つ親は、子供に資金をつぎ込んで高い教育を与え、高収入を得る仕事に就く道筋を整えます。対して経済力が脆弱な家庭においては、その逆の現象が見られることになる。結果、経済的な階級が子にも引き継がれ、階級移動が困難になっていく……。

貴族だ平民だという身分の階級と違って、経済的な階級は、表面的には「努力すれば、階級上昇は可能」とされているのが、厄介なところです。貧しい家庭に生まれ、満足な教育を受けていないのに、努力や才能によって階級差を乗り越えた人がいるのだからあなたも頑張れ、などと言われてしまうのです。

確かに、高等小学校卒ながら日本の首相となった田中角栄《たなかかくえい》や、同じく高等小学校卒の学歴ながら、長者番付の一位を何年も占めたベストセラー作家の松本清張《まつもとせいちょう》のような人は存在します。持って生まれた才気はもちろんのこと、尋常ならざる胆力と、「なにくそ」というハングリー精神をもって邁進した結果、彼らは階級の壁を打ち破ったのです。

しかし彼らのような胆力は、誰もが持つものではありません。角栄さんや清張さんは、ごく稀なケース。実際には、多くの政治家が世襲の仕事として子女に立場を引き継がせるのであり、「親が政治家」というガチャを当てた人が議員となります。叩き上げの角栄さんでさえ娘に高い学歴を与えて政治家にしたのであり、娘も低学歴から叩き上がってほしいとは思っていなかったでしょう。

清張さんが叩き上がってきた作家の世界もまた、実は世襲が多いのでした。もちろん作家は、政治家のように地盤を引き継いだりするわけではありません。血筋を引いていなければ就くことができない立場でもないのです。

しかし作家達を見てみると、親も文筆業者であったり、出版関係者であるケースがまま見られます。中には幸田露伴《こうだろはん》家のように、露伴以降四代にわたって文筆家を続ける家もあるのです。

おそらくは家に本がたくさんあったり、読書という行為が家庭で習慣づけられていたりする中で育つことによって、読んだり書いたりすることが好きな子供が育つのでしょう。こちらもまた、親ガチャの巡り合わせによって進みがちな道と言っていいのではないか。

政治家や作家といった特殊な職業のみならず、子供は意外に、最終的に親と同じ、もしくは似たような道を進むケースが多いものです。親が老舗の商店を経営する家に生まれ、若いうちは反発してバンド活動に夢中になっていたが、大人になってからハタと改心して実家を継ぐ、といった話もよく聞くもの。

大物芸能人の子供が、B級芸能人となってテレビの片隅に映っていたりするのを見ると、しかし親の恩恵を被るのも良し悪しであることよ、と思うものです。たとえ子供の胆力が並以下でも、親の経済力や幅広い交友関係を利用して子供に仕事を与える例はしばしば見られますが、それによって子供自身の力が磨かれるチャンスが失われてしまうのですから。

このように、良かれ悪しかれ親が置かれた状況を子供が受け継ぐのは当たり前、という感覚は延々と続いてきました。しかしそんな世の中に「親ガチャ」という言葉は、「金持ちの子は金持ちで、貧しい人の子は貧しくなるのは、不公平なのではないか」との一石を投じたのです。その石によって「それって、不公平だったのか！」と驚いた大人も多いのではないか。

一九八四年に刊行されてベストセラーとなった『金魂巻《きんこんかん》』(渡辺和博《わたなべかずひろ》とタラコプロダクション著)は、主婦からコピーライターまで、様々な職業につく人の㊎《マルキン》(お金持ち)像と㊎《マルビ》(貧乏)像とを紹介するという本でした。㊎、㊎それぞれについての解説を読むと、㊎側の人々は、親もお金持ちとされるケースが多いのに対して、㊎の人はその逆となっています。この時代も、階級が再生産される親ガチャ状態であることに、変わりはなかったのです。

しかしこの本が出た約四十年前は、親次第で人生が決まるという事実が、笑いに転換されました。㊎側の人々が、

「都内の親の土地を譲り受け、家賃も払わずに生きる㊎と比較され、自分の困窮生活が笑いのネタになっているのは人道的観点から如何なものか」

などと申し立てた様子はない。

この本では、㊎がことさら礼賛されるわけでもありません。㊎もまた㊎と同様に揶揄され、というよりも人を無理矢理㊎と㊎の二項に分けるという自らの手法をも、この本は嗤《わら》っていたのです。しかし実際には、㊎の人々はこの本によって㊎に対する憧れを募らせたのであり、そうこうするうちに、時代は狂乱のバブル景気へと向かっていくことになり

ました。

やがてバブルが崩壊した後、日本では長い不景気の時代が続きます。そこから抜け出た様子もないままに、国の勢いが弱まり続ける気配が濃厚な、日本。㊎は㊎を、ⓑはⓑを再生産していることは変わりませんが、その間にいる中間層が、ぐっと減少。四十年前、安心して㊎やⓑを嗤うことができたのは、一億総中流の時代であったからこそだったのでしょう。

親ガチャの不公平さを訴える人々は、そんな時代の空気を、敏感に察知しています。中間層の厚みを取り戻すためにも、ⓑはⓑのままでいてはいけない。ⓑからの上昇を図らなくてはいけないのではないか、と。

「親ガチャ」を嘆く今の若者達が問題視しているのは、親の経済力の多寡だけではありません。親の子育て能力や子育て環境の良し悪しについても、子供達は「自分達で選ぶことができない、ガチャによって与えられたもの」として告発するようになっています。

たとえば、親からの暴力や暴言。かつては広義の「しつけ」として捉えられていたその手の行為は今、決して許されない「虐待」になっています。その手の行為に及ぶ親は「毒親」と言われ、「毒親育ち」の子供達は、親ガチャ運のなさを世に訴えるのでした。

また家事や家族の世話などを担わされた子供は、「ヤングケアラー」と言われるようになりました。印象的なネーミングがなされたことによって世間からの注目も集まりやすくなり、その嘆きに対するケアも、検討されているのです。

親ガチャに外れてしまった子供達の種類が細分化され、それぞれに応じたきめ細やかな支援が講じられはじめた、現在。ポリコレ時代であるからこそ、そして子供の数が少なくなり、一人一人を大切に育てなくてはならないからこその、現象でしょう。

過去を振り返れば、昔の子育てのあり方は、今とはだいぶ異なっていました。昔の小説などを読むと、兄や姉が小さな弟妹をおぶって子守りをしながら風呂を焚く、といった姿がよく見られますが、そのようなことをさせられる子供が今いたとしたら、立派なヤングケアラーとされるに違いない。

文筆一家の二代目・幸田文《こうだあや》は、十六歳の時から父親の命によって、炊事の一切を担わされていました。父の幸田露伴が早くに妻を亡くし、再婚したものの再婚相手が家事を得手としなかったため、文は露伴から厳しく家事を仕込まれていたのです。

ガス台も冷蔵庫も無い時代、学校に通いながら炊事をし、少しでも手を抜いたり、失敗したりすると父から厳しく叱責される。……という文も、今で言うならヤングケアラーですし、露伴の行為は虐待と言われかねません。

しかし後世、露伴の厳しい家事教育がなかったら幸田文の文学は生まれなかったであろう、とも言われるわけで、その教育は「虐待」ではなく「薫陶」ということになっているのでした。

明治三七年生まれの幸田文は、父の厳しい〝薫陶〟をつらく感じることはあったけれど、その理不尽さに耐え続けました。娘に対する親の態度がどれほど厳しくても、それは「しつけ」であって「虐待」とはされない世の中だったのです。

また昭和四年生まれの向田邦子《むこうだくにこ》は、父の暴力について、作品に記しています。向田の父は癇癪もちであり、機嫌が悪くなると、妻子に対して暴力をふるいました。そこでは「家庭内暴力」「殴る」と言った言葉ではなく「手を上げる」という婉曲表現が使用されていますが、こちらもまた、今風の言葉に置き換えれば「DV」ということになりましょう。

しかし向田邦子もまた、父のDVから逃れようとしたり、その苦悩を世に訴えたわけではありません。幸田文と同様に、父の暴君ぶりを情で理解して自身のこやしとし、後世に残る作品として結実させたのです。

それは、戦前に生を受けた女性だからこその精神なのだと思います。今を生きる若者はすでに、親からの暴力や暴言の底に、親の愛情や悲しみを見出す視力は持っていません。また虐待や暴力を自身の中で発酵させて、別の形で結実させる消化力も、持っていない。幸田文や向田邦子の頃から時は流れて、家族の中であっても暴力は暴力、ということになったのであり、その手の親の元に育った子は、「親ガチャ外れた」とアピールすることで、世間に助けを求めることができるようになったのです。

今、書店に行けば、親の非道ぶりを訴える子のエッセイが、色々と並んでいます。ヤングケアラーだった人、親がアルコールや薬物の依存症だった人等、種類は様々なのですが、子供達は「問題のある親の元で育った」という体験をさらけ出し、同じ経験を持つ人と共有するようになりました。

そんな中でもある事件をきっかけとして大きく注目されるようになったのが、「宗教二世」の存在です。二〇二二年七月に起きた安倍晋三《あべしんぞう》元首相の銃撃事件は、山上徹也《やまがみてつや》容疑者が抱き続けた「親ガチャに外れた」感が積もり積もって暴発したかのような犯行でした。

山上容疑者は、両親ともに高い学歴を持ち、本人も名門高校に通っていたということで、一般的な意味での「親ガチャ」はむしろ当たりと言ってもいい家庭で育ったようです。しかし母親が旧統一教会に多額の献金を繰り返したことによって、家庭が崩壊。容疑者は、安倍氏が旧統一教会と深い関係を持っていると思って凶行に及んだ、と報道されました。

この事件を機として、旧統一教会に限らず、親の信仰の影響を強く受けつつ育った子供達の存在が、クローズアップされました。自分が選んだ宗教ではなく、親が入っている宗教に生活を制限されて育った人達の苦悩を、我々は知ることとなったのです。

山上容疑者もまた、母の行為をいくら分析しても、その底に愛情を見ることができなかったのではないでしょうか。多くの悲しみを背負った母が何かにすがりたかったことは理解できても、その悲しみの底に自身に対する愛情が発見できない絶望が引き金となった凶行だったのではないかと、私は思います。

少子化が進み続ける今、子供という存在は、親にとっても社会にとっても貴重品であり、貴重品であるからこそ、フラジャイルとして扱われています。親の経済力や子育て能力等に多少の問題があっても、昔であれば「仕方がないですね」で済まされたのが、今は「一人一人の子供を大切に育てなくては」と、丁寧にケアされるようになってきました。親の階級をそのまま子に引き継がせていたら、日本という国が保たなくなってきたのです。

親達は今、「毒親」「親ガチャ外れた」と我が子から思われないように、細心の注意を払って子育てをしていることでしょう。親達の多くは、期待通りに子供が育たなくとも、「子ガチャに外れた」

とは言いません。子供が神からの授かりものだとするなら、どのような子供が生まれるかにも、ある程度のガチャ要素が入っていましょうが、そのように言うことができるのは、私が子を持たない人間だから。世の親達は、たとえ「子もまた、ガチャ」と思ったとしても口には出さず、「どんな子に育つかは、親の責任」という姿勢でいるのです。

親は決して「子ガチャ」とは言わない、と知りつつ、子は親ガチャの外れを嘆きます。努力で階級上昇を果たした角栄さんや清張さんのような人もいるけれど、そんなジャパニーズ・ドリームははるか昭和の昔のもの。今は、努力次第でどうにかなる世ではないと感じているからこそ、若者達は不公平な仕組み自体をどうにかすべく、「親ガチャ」という言葉を生み出したのだろうと、私は思います。

東大礼賛と低学歴信仰

昨今、日本人の東大に対する信奉というか憧憬の具合が、上昇を続けている気がしてなりません。自身の子供を東大に何人も合格させたという女性は、カリスマお母さんのような存在になっていますし、クイズの世界では、東大系の人材が重用され、東大の名がついたクイズ番組まである。「東大生が書いた」だの「東大生が考えた」だの「東大生が選んだ」だのと冠された、頭が良くなる系の書籍も無数にあって、

「そんなに東大生のことをたやすく信じて大丈夫なのか？」

という不安が湧いてくるほど。

そんな様子を見ると、日本という国はどんどん閉じてきているように思うのです。最新の世界大学ランキングを見ると、東大は二十九位（二〇二三年）。世界トップクラスの大

学というわけではありません。が、日本において東大は、昔も今も頂点に輝く大学なのであり、「日本だけ見ていればいいではないか」という感覚が、東大信仰からは滲み出るのです。

私もまた、誰かが東大出身だと聞くとつい、

「すごいですね」

と、自動的に返答してしまいます。我々庶民はおそらく、東大が「すごい」と信じたいのです。東大生がクイズ番組で難問に答えるのを見て、

「日本は斜陽の国だというけれど、そんなことはない。だってこの東大生は、『齷齪』を『あくせく』って読めるんだもの！」

と、安堵しようとしている。

国際化の重要性は盛んに叫ばれつつも、新型コロナのパンデミックもあって、日本の国際化の進捗は、滞り気味です。若者達の外国語能力が飛躍的に伸びたという様子も、見ることはできない。

国力もまた、伸びません。東京で行ったオリンピックは、競技会としての役割は果たしたものの、日本という国の光を海外にアピールすることはできませんでした。子供も人口も増える気配はなく、国力はジリ貧。……となった時に日本人は、「他人と自分を比べな

いようにしましょう」と、女性誌が放つメッセージのようなことを自分に言い聞かせるようになったのではないか。

すなわち、他の国と自分の国を比べてしまうと、日本のダメさ加減が際立って、辛い。オックスフォードとかハーバードのことは考えずに、東大だけを見て「すごい」と言っていた方が我々は幸せになれるのだ!……ということで、東大に対する賛美の声は、高まり続けているように思います。

東大に入るような人々は、親もまた高学歴で、お金持ち。教育格差の固定化が進んでいるのだ、ということが問題になっています。

東大に入るためには、東大に合格者を多数送り込んでいるような高校に入ることが近道です。その手の学校の多くは私立の中高一貫校であり、東大に入るには、まずは中学受験をする必要がある模様。

中学受験をするには、お金が必要です。子供が小学校の三、四年にもなればSAPIX《サピックス》的な塾に入れ、中学受験マンガ『二月の勝者—絶対合格の教室—』に描かれていたように、課金ゲームかのように授業をじゃんじゃん受けさせなければならないことを考えれば、中学受験は経済的に余裕のある家の子供にのみ許された行為。

近代になって以降、日本人は「子供には、自分より高い学歴をつけさせたい」と思っていました。親が高校卒であれば、「子供には大学まで行かせたい」と思い、親が大学を出ていれば「子供には、自分が出た大学よりもっと良い大学に行かせたい」と思ったのです。

しかしある程度、大学進学率が高まると、今度は「親以上の学歴」を子供が得ることが難しくなってきます。日本人の学歴は東大がトップにしてどんづまりですから、東大の子は東大に入るしかなくなってくる。子供に無理をさせない風潮もあって、学歴で親越えできない子供が昨今は目立ちます。

女の子の場合は、そこにジェンダーの足かせもかかることになります。「女に教育はいらん」という考えは今も消えたわけではなく、

「女の子なのだから、東大に行ってしまうとその後の人生が心配」

と、東大に受かっても私立大学に行かせたり、

「女子大に行くなら、上京してもいい」

ということになったり。

二〇二三年のデータで女子の都道府県別大学進学率を見てみると、トップの東京都は約七十四パーセントであるのに対して、最下位の鹿児島県は約三十五パーセントと、二倍もの差がついています。伝統的価値観が強そうな地域ほど、女子の大学進学率が低い印象を

受けるのでした。

とはいえそれでも日本人は、じわじわと大学進学率を上昇させてきたのです。その昔、大学を出た人が「学士さま」などと言われていた時代と比べると、半分程度の人が大学に入るという状況は隔世の感があるわけですが、しかし世界を見てみると、日本の大学進学率は決して高くはない、というよりは「低い」のでした。

アメリカ、韓国、スウェーデン、ノルウェーといった国において、大学進学率は七割を超えています。OECD（経済協力開発機構）加盟国の大学進学率の平均は六十二パーセントということで、日本よりも十ポイントほど高い。国ごとに「大学」の基準が異なるので一概に比較はできないものの、先進国の多くは、大学進学率をさらにアップさせるための施策を打ち出しているのに対して、日本人は大学へ進学する人が五割ほどしかいないのに、「まぁこんなものか」と思っているきらいがあるのです。

大学進学率が日本より低い先進国は、イタリアやドイツといったところ。かねて、旧敗戦国の出生率が低いことが気になってはおりましたが、日独伊三国同盟は、大学進学率においても低かった。

「学歴社会、いかがなものか」

「大学に行けばいいというものではない」

といった声は、確実に若者達に届いているのかもしれません。

なぜ日本は、低学歴国なのか。……と考えてみますと、もちろん教育費や、学歴格差が固定してしまっているといった問題は大きいのでしょう。同時に、精神的な部分において、日本人は一種の「低学歴信仰」のようなものを根強く持っている気もするのです。田中角栄のことについては前回も書きましたが、

「田中角栄は高等小学校しか出ていないが、高度経済成長期の日本を牽引した」

といった話は、日本人に好まれます。角さんが演説をしているVTRなど見ると、

「なまじ大学など出ている人よりも、早く世に出て苦労をしている人の方が、説得力があるのかも」

といった気分になるものです。

高卒ながら東大教授になった、世界的建築家の安藤忠雄《あんどうただお》の生き方も、人気があります。彼の場合は元ボクサーであるというところも、徒手空拳《としゅくうけん》で学歴社会に乗り込んできたようで、恰好いい。我々は、元ボクサーとか元暴走族から偉くなったという人に対しては、灘《なだ》高《こう》から東大に入った人に対してよりもずっと強く、畏敬の念を抱く思考癖を持つのです。

これら低学歴信仰の源は、豊臣秀吉《とよとみひでよし》にあるのではないかと私は思います。秀吉の時代に

大学だの高校だのがあったわけではありませんが、秀吉は低い身分の家に生まれ、足軽から着々と成果をあげて天下人になったのだそう。名家に生まれて偉くなった人とは異なるバイタリティーが、今も好まれている人物です。

また日本には、「学歴がない人の方が善人である」という信仰も存在している気がしてなりません。ガリ勉をして良い学校に入ったような人は、人生経験の少ない、苦労知らずの頭でっかち。対してそうでない人は、様々な苦労を経験しているので、人情味があって心が温かいのだ、と。

良い大学を出て官僚になったり有名企業に就職するような人は、往往にして冷たい。学歴なんてどうでもいいから、人情味のある人になった方がいいんだよ。……という感覚をさかのぼると、昭和五四（一九七九）年に始まった名ドラマ「三年B組金八《きんぱち》先生」に行き着きます。その第一シリーズにおいては、杉田《すぎた》かおる演じる中三の女子生徒が、同級生の子を妊娠するというショッキングな事件が発生するのですが、「産む」と決めた杉田かおるに、その両親は冷たいのでした。

それというのも杉田かおるの兄は、東大を目指す受験生。大切な時期に騒動を起こした妹を厄介者扱いします。家父長制パパである父親は娘の妊娠に怒り狂い、父の奴隷のような母は、夫と息子に怒鳴られないようにとビクビクするばかり。兄の受験のことしか眼中になく、娘のことを顧みない最悪な家庭なのです。

結果的に兄は東大に落ちて、自殺してしまいます。当時中学生だった私は、ドラマにこの家庭が登場する度に、どんよりとした思いを抱いたものですが、大ヒットしたこのドラマが昭和人に与えた影響は、大きかったことでしょう。特に杉田かおるの父、そして東大を受ける兄は尋常でなく自己中心的で冷淡な人間として描かれたのであり、「受験は、人間の心と家庭を破壊する」「東大を目指すような人は、自分のことしか考えない」といった悪印象を、強く残したのではないか。

このドラマの舞台は下町の足立区でしたから、勉強がよくできる子供よりも、勉強は苦手だけれど親の手伝いはよくする子とか、ツッパリなどの方が「本当は良い子」として厚く描かれがちでした。公立中学の三年生のクラスが舞台なので皆、高校受験はするものの、全体的に「勉強は、さほど大切なことではない」というニュアンスが漂ったのであり、その感覚が四十年以上経った今も、低学歴信仰を下支えし続けているようにも思うのです。

このように、勉強、受験、学歴といった言葉に、負の印象がつきまとっている日本。そのために、本来は良いことであるはずの、「頑張って勉強して、良い大学を目指す」ということが、まるで打算的な行為のように見られることも。結果、

「人生の選択肢を広げるためにも、良い大学に進んだ方が良い」

と考えて頑張って勉強する層と、

「好きでもない勉強を多少頑張っても、どうなるものでもないし」

と努力を放棄する層とが分離してしまったのではないでしょうか。

しかし低学歴信仰を支える考え方には、誤解が混じっている気がしてなりません。たとえば、学歴が高い人は苦労知らずで人情味がないという感覚は、やはり偏見というものでしょう。学歴別の性格調査をしたわけではありませんが、高学歴者にも善人はたくさんいるし、低学歴者が皆、温かい心を持っているわけでもない。「頭の良い人は冷たい」と見られがちなのは、「美人は性格が悪い」などと言われがちなのと同じ理屈ではないか。

高学歴者が苦労知らずというわけでもありません。聞けば中学受験の時など、高学歴者も大変な苦労をしているもの。遊びたい盛りの小学校高学年の時代を受験勉強に費やし、さらには高校時代も大学受験のために力を尽くしたというのは、「目標のためにはとことん頑張ることができる」という能力の証でしょう。

見事東大に進んだ後に官僚となる人も多いわけですが、そんな人達はさほど高くない公務員の収入にもかかわらず、ブラック企業的な残業量をこなしています。厳しい受験生活で培った資質を、仕事にも生かしていると言っていいのではないか。

東大など高学歴の人はこのように、高学歴だからこその利益も得つつ、高学歴ならではの偏見と苦労をも背負いつつ生きています。社会に出た後は、少し失敗するとすぐ、

「東大なのにこんなこともできない」

「あの人、東大なのに使えないね」

などと陰で言われることに。高学歴者の場合、超えなくてはならないハードルが最初からうんと高く設定されているのです。

東大卒の偉い人が何かの拍子で逮捕されたり、スキャンダルが流出したりした時も、我々はおおいに興奮するものです。転落幅が大きければ大きいほど、他人の不幸の糖度は上がるのであり、東大↓逮捕などという転落はまさに、庶民にとっては虫歯に沁みそうな蜜の味。

「東大出なのにあんなことをして」

「やっぱり東大に入るような人って、一般的な常識は持ってないのかもね」

などと、何の躊躇もなく偏見を披露して、生き生きと誹謗中傷するのです。

してみると学歴格差の「上」にいるのも、なかなか大変なことなのでしょう。我々は普段、「すごい」「さすが」などと脊髄反射のように東大を絶賛するものの、転がり落ちてく

る東大を受け止めるつもりは、無い。それが天皇であれ首相であれ、頂点にいる者を褒めるもディスるも庶民にとっては娯楽なのであり、東大生もまたその対象なのですから。

姫野《ひめの》カオルコさんの『彼女は頭が悪いから』は、実際に起きた、五人の東大生による女子大学生に対する強制わいせつ事件を下敷きとした小説です。東大生という肩書きに、女はホイホイと寄ってくる……という全能感を持つ大学デビューの男子学生達が、偏差値四十八の女子大に通う女子を無理に酔わせ、酷いわいせつ行為に及ぶ。偏差値の差、男女の差、恋愛感情と性愛欲求。……と、様々な差異や格差そして欲望がいかに絡まり合って性犯罪が発生したかが、ここでは明らかにされるのでした。

犯人達は、「自分はトップの大学に合格した男」との自負のせいで、「頭の悪い」女には何をしてもいい、との感覚を持ちました。この感覚こそが、日本が閉じた国であることの証なのでしょう。東大が決してトップクラスではない地に出れば、彼らの全能感はすぐに霧散します。東大に対する軽々な礼賛の積み重なりが、この性犯罪を生んだのです。

事件後、ネットには「前途ある東大生よりも、バカ大学のお前が逮捕された方が日本に有益」「尻軽の勘違い女」といった被害者に対する非難が書かれます。これもまた、無邪気に東大を一番と信じる世間の声。

日本の学歴社会も、大学進学率も、受験戦争も、そして東大も、実はたいしたものではない。クイズ番組で活躍する東大生に無邪気に感心する気持ちから一歩引いてみれば、トップはもっと彼方にあることが、見えてくるに違いありません。

『ドラえもん』が表す子供社会格差

『ドラえもん』ののび太、ジャイアン、スネ夫の三人は、子供社会において格差が発生する要因とは何かを、よく表している存在です。

身体が大きいジャイアンは、肉体的な「力」を持っています。裕福な家の息子であるスネ夫が持っているのは、「金」。対してのび太は、金も力もなかりけり、だけれど色男ではなく、コミュニケーション能力が発達しているわけでもないという存在。そんなのび太はしばしば、ジャイアンからは肉体的な力を、そしてスネ夫からは金の力を見せつけられるのでした。

のび太は、「力」や「金」、はたまた「意欲」や「努力」等の不足によって生じる格差の前に、いつも呆然としています。するとドラえもんが様々な道具をポケットから出して、助けてくれることになる。

子供むけのマンガや物語においてはしばしば、のび太達のように、仲良しグループを構成するメンバーがそれぞれ全く違う個性を持っています。様々な個性を発揮することによって互いに助け合ったり足を引っ張り合ったりしつつ、物語は進んでいく。

その中の一人として登場しがちなのは、「ハカセ」的なニックネームを持つ、博識ガリ勉キャラ。子供達が難局に遭遇した時、ハカセの知識や知恵によって問題が解決されて皆が助かる、となるわけですが、『ドラえもん』の特徴は、出木杉《できすぎ》くんはいるものの、メインのキャラクターの中にその手の「ハカセ」的な子供が採用されていないところです。

実際、子供社会において勉強ができる子の存在感は、特別大きくありません。親や先生からは良い子として見られているものの、大人ですら、「勉強好きで地味な子より、勉強嫌いだけれど元気で明るい子の方が子供らしくて可愛い」と本当は思っていたりする。もちろん子供達の間でも、ただ真面目なだけの子は、あまり人気がないのです。

子供が「おお！」と瞠目《どうもく》するのは、やはり足が速い、身体が大きい、ボールを遠くに飛ばせるといった目に見える「力」に対して。そして、いち早く新しいゲーム機器を買ってもらえるとか、好きなおやつ買い放題といった「金」の威力を目の当たりにした時もやはり子供達は、「おお！」と目を見開くもの。

「勉強ができる」という能力は、テストの点数や通知表の数字にしか表れることがなく、いかんせん地味なのです。それが将来どう人生に効いてくるのかも、小さな子供にはまだ、よくわからない。勉強ができる子供達がスポットライトを浴びて生き生きと輝くのはもう少し先、つまりは受験期を待たなくてはならないのでした。

藤子《ふじこ》・F《エフ》・不二雄《ふじお》先生は、その辺りの事情をよくわかっていたからこそ、のび太の最も親しい仲間としてガリ勉キャラを登場させなかったのだと思います。「力」を誇示するジャイアン、「金」の存在を匂わせるスネ夫もまた、のび太と同様に勉強は得意ではありません。『ドラえもん』は、子供達が偏差値で順位づけがなされる世に出る前の、ごく短い幸せな時間を描いた物語だと言えましょう。

では「力」や「金」がものをいう子供社会の仕組みは、その後どうなっていくのでしょうか。子供の頃に目立っていたジャイアン的「力」持ちや、スネ夫的「金」持ち達は、大人になってから開かれる同窓会において、往往にして目立ちません。子供時代のヒエラルキーは、大人になるにつれて激変。「勉強」という新たな物差しの重要性が増大することによって、下克上が起こるのです。

いや「金」は何歳になってもパワーの源となるだろう、という話もありましょう。もちろんそうなのですが、子供であるスネ夫の「金」は、親の金です。スネ夫の年頃を考えると親もまだ若いでしょうから、祖父母の金と言ってもよいかもしれません。

となるとスネ夫は、骨川家《ほねかわ》（スネ夫の本名は「骨川スネ夫」）の財産を上手に継承する必要に迫られます。経済力を持つ家庭では、教育にお金をつぎ込むことによって、子供の階級転落を防止しようとしますが、スネ夫はジャイアンやのび太といった、勉強が得意ではない友人とツルんでいます。この状況が続いたとしたら、彼は中学受験をする気になるのか。スネ夫が親の経済力を継承しようとするなら、学力、人望共に今ひとつである現状のままでは先行きは暗いわけで、今後の努力が必須となってきましょう。

スネ夫の「金」よりも価値の変化が激しいのは、ジャイアンが持つ「力」です。それは、しずかちゃんが持つ「美」という価値と同じくらい、経年劣化しやすいもの。すなわち、若い時しか維持できないものなのですから。

ジャイアン的な人物は、大人になってから同窓会にずっと顔を出さないケースも多いものです。そのうち居所もわからなくなっていて、

「剛田《ごうだ》（ジャイアンの本名は『剛田武《たけし》』）？　前、どっかでティッシュ配ってるのを見たけど、声かけられなかったよ」

ということにもなりかねない。

とはいえこの世において、肉体的な「力」は、決してあなどることはできない資質なのでした。暴漢に襲われた、地震で家が崩れた、といったいざという時に頼りになるのは、文弱の徒ではなく、力持ち。ただし問題は、力が生かされる「いざ」という機会は極端に少ない、ということです。

人間がもっと原始的な生活をしていた頃は、今よりもずっと「力」が重視されていたことでしょう。住む場所を作るにも食べ物を手に入れるにも、まず必要なのは「力」。獲物を捕獲するにしても、走るのが速い人、膂力《りょりょく》の強い人がより多くの獲物を捕り、肉体的能力が低い人よりも発言力が強くなったのではないか。

今に続く男女間の格差も、その大もとには肉体的な「力」の差があるように思います。男よりも身体が小さく筋力も弱い女は、力仕事には不向きです。となれば「力」が今よりも重視された原始の時代から、男が「上」的な感覚はあったことでしょう。

今となっても、その感覚は存在し続けているのであり、女が言葉で歯向かってきたなら、男は相手を殴れば勝つことができます。技術が発達し、力仕事の必要性が激減した今の時代になっても、男性から暴力を受けたり、時には殺されたりしている女性は後をたちません。国家間の喧嘩である戦争はそう簡単に始められない今の時代、「力」によって相手を服従させるという原始的な関係性が最も色濃く残っているのは、男女の間なのではないでしょうか。

原始の時代、力の強い者から虐げられていた脆弱な人々は、さぞや怒りを募らせたことでしょう。しかし、次第に様々な道具や貨幣が登場することによって、肉体は脆弱でも頭の良い人が台頭するようになってきました。

優れた道具は、自分の筋力以上の仕事を人にさせてくれます。また貨幣があれば、自分で狩猟や農業をせずとも、他人を雇って肉体労働をさせることができる。「金」を持つスネ夫が、賃金を支払ってジャイアンを雇用することができるのであって、そうなったらジャイアンは、雇用主であるスネ夫を殴ろうとはしないことでしょう。

科学技術や貨幣制度の発達により、ジャイアン的「力」の価値はぐっと下がりました。「力仕事」は、いくらでも替えがきく仕事。対して頭脳労働は、その人でないとできない仕事。……ということで、「頭の良い人」に「力の強い人」は支配されるようになったのです。

では今、「力」を持つ人々は交換可能な労働力としてしか存在し得なくなったのかというと、そうではありません。肉体的な「力」が、「その人でないとできない」資質として強い光を放つ場として残されたのが、スポーツの道です。

たとえばジャイアンが、粗暴なまま中学生になり、その馬鹿力を見込まれて不良グループに入ってしまったら、将来は暗いものとなってしまいます。しかしジャイアンの馬鹿力を、柔道部顧問の先生が目に留めたとしたら、どうでしょう。畳の上で自らの才能を開花させたジャイアンは、もしかするとオリンピックに出場して、金メダリストになるかもしれません。

オリンピック優勝後は、その磊落《らいらく》なキャラクターがウケて、テレビのバラエティ番組にも登場するジャイアン。明石家《あかしや》さんまや浜田雅功《はまだまさとし》から、

「何を言うてるんや剛田は〜」

などと親しげに言われることにいい気になって道を踏み外す、という可能性もあるものの、その辺りさえ気をつければ、将来は全柔連やＪＯＣの偉い人になる可能性もあるのです。

このようにスポーツは、子供の頃に「力」を持って輝く子供達にとっての、希望の道です。小学生が将来なりたい職業のランキングは各種ありますが、いずれを見ても男子小学生のベストテンの上位に、「サッカー選手」と「野球選手」が入っている。「ユーチューバー」や「ゲームクリエイター」がベストテンに入ってこようと、スポーツ選手になりたいという男子小学生は常に高い割合で存在し続けているのであり、昔も今も少年達は、

「力」で生きる道を夢想しているのです。

対して女子のランキングを見ると、ベストテンにスポーツ選手は入っていません。男子サッカーや男子野球ほど派手に活躍できるスポーツは女子では少ないのであり、ほとんどの女性は子供の頃から、力で生きていこうとは思っていないのでしょう。

では女子児童達は何になりたいのかというと、保育士、学校の先生、医師、看護師など、資格もの職業が、男子に比べて多くランクインしているのでした。女児の方が男児に比べると早く大人びるものであり、だからこそ「女が生きる道は男よりも厳しいのだから、一生食いっぱぐれのない資格を持っていた方がいい」と、現実的に考えるのかもしれません。

資格を求める女児と、夢を求める男児。……というわけですが、男児達はプロスポーツ選手の華やかな生活にも憧れていることでしょう。マスコミに注目され、収入は高く、アナウンサーやモデルと結婚し、海外に移籍してワールドカップやＷＢＣに出場するアスリートは、芸能人よりも眩しい存在なのです。

たとえばサッカーでワールドカップに出場した日本代表は、日本中の人々を喜ばせたり悲しませたりするのであり、これはアスリートでないとできないこと。政治家がサミットに参加して充実した話し合いをしたとしても、国民は興奮しません。日本人がノーベル賞をとるともちろん皆が喜ぶものの、とはいえほとんどの人は、受賞者がどのようにすごいのかがよくわかっていない。ワールドカップで日本選手がゴールを決めた時のような、老若男女が思わず手を叩き快哉《かいさい》を叫ぶような興奮は、もたらされないのです。

肉体的な「力」を持つ人達はこのように、時に「頭の良い人」や「権力を持つ人」、はたまた「金を持つ人」等をはるかに凌駕《りょうが》する、強力な輝きを放つのでした。それは、「力」を持つ人の中でもごく一部の人だとはいうものの、自らの「力」を鍛え上げて咲き誇る人々の前では、多少の頭脳や権力や金などは霞んでしまう。

もしも長嶋茂雄《ながしましげお》さんや王貞治《おうさだはる》さんが亡くなられたとしたら、日本は喪に服すかのような状態になるに違いありません。今こそ国葬をしてほしい、という声も上がることでしょう。政治家や学者が亡くなった時とは比べものにならない悲しみが日本を覆うことが想像されるのは、肉体的な「力」をスポーツの世界で生かしきった人々は、時代の記憶をも作るからなのだと思う。

今、「順位をつけない運動会」といったことを行う学校があるのだそうです。運動が苦手な子達がかわいそうだからと、徒競走などの競技で勝敗や順位がつかないようにしているのだそう。

そんな学校にたまたま入ってしまった「力」を持つ子は不幸であると、私は思います。

勉強は嫌いだが運動が得意な子供にとって運動会は、学校生活で最高の舞台。そこで得た自己肯定感が、その子の一生を支えるかもしれません。

だというのに「順位も、勝ち負けもつけません」となったら、その子はどうなる。この先、上の学校に進む時も就職をする時も、勉強による順位づけは当然のように延々と続くというのに、運動による順位づけだけが「かわいそう」となるのは、「勉強が嫌いな子よりも、運動が嫌いな子の方が大切」という感覚があるからではないのか。

今、優劣や勝敗や順位の「見えない化」が着々と進行しています。徒競走の時に全員で手をつないでゴールするというのは、その一つのあらわれでしょう。

しかし「見えない化」を進めても、一枚めくれば、その下には明確な勝ち負けや順番が存在しています。勝負の「見えない化」は、世の理不尽さをも見えなくしてしまうのではないか。

ワールドカップやオリンピックへの日本人の熱狂ぶりからは、人々が本当はいかに勝ち負けをつけることが好きなのかが感じられるものです。試合に負けた選手達は今にも切腹しそうですし、遠い開催国までわざわざ出向いて応援歌を歌い続ける人々の顔は、かつての軍国少年のように猛々しいのです。

力と力でぶつかり合う勝負は、人間にとって麻薬のような魔力を持っているのであり、勝利がもたらす歓喜も、敗北による悲哀も、我々に強い陶酔感を与えてくれます。その欲求を野放しにしてしまうと、やれ喧嘩だ戦争だときな臭いことになってしまうので、ルールを定めたスポーツという範囲の中だけで、人々は勝負というレジャーを愉しむことにしたのではないか。

ワールドカップやオリンピックで巨額の金が動くのも、スポーツが合法的な麻薬のようなものだと考えれば、納得がいくものです。「勝ちたい」「相手を倒したい」という禁断の欲求を、思う存分放出してもよし、とされているのがその手の場であり、欲求が集まる場所には金も集まるのですから。

アスリートはそんな場において、スターを通り越して、神聖な存在となります。勝利を熱望する国民は、彼らに対して手を合わせて祈りを捧げるのであり、欲求が叶えられれば、アスリート達は神と化す。

「神」の影には、しかしそうなれなかった多くの人々のしかばねが累々としています。小学生の時は、多くの男児が「なりたい」と思っていたサッカー選手になれるのはごく一部で、ワールドカップで活躍できるのはその中のさらにごく一部。……ということで、「力」で生きたいという夢を持つことは、実は危険な賭けなのでした。

のび太をいじめるジャイアンは果たして、大人になってその「力」を、どのように生かしていくのでしょうか。柔道でオリンピックに出て金メダルを取りたいっす、という夢は叶う確率が高いとは言えないけれど、しかし当たれば大きい。夢を捨てずに、頑張れジャイアン！

「有名になる」価値の今昔事情

子供の頃、近所に芸能人の夫妻が住んでいました。夫妻の娘・Aちゃんが同じ年頃だったのでよく一緒に遊んでいたのですが、ある時二人で近くの小さなスーパーに入ったところ、レジの女性が、

「あら、○○さんの娘さんね。これ、あげるから飲んで」

と、Aちゃんにジュースを差し出したのです。

一緒にいた私には、当然ながら何もなし。Aちゃんは私にもジュースを一口飲ませてくれたものの、その味は甘かったような、苦かったような……。

Aちゃんとはごく普通に遊ぶ友達だったものの、その一件によって私は、彼女と私の間には大きな差があることを思い知らされました。親が有名人であることによって、彼女は

何やら色々と得をしているらしい。そして無名人の子である私は、Aちゃんの真横にいても、まるで透明人間であるかのように扱われるのだなぁ。……と、一本のジュースによって私は、有名であることの威力のようなものを見せつけられたのです。

有名人と無名人の間にある格差に穏やかならぬ気持ちを抱いた幼い私ではありましたが、しかし有名人を有名人たらしめているのは、他ならぬ無名人の視線です。東京に住んでいると、時に有名人の姿を目撃するものですが、

「あっ、貴乃花《たかのはな》の息子（あくまで一例です）だ」

などと察知した瞬間、周囲の無名人の顔は消えている。無名人は、容易に無名人を差別するのです。東京に住む者としては、有名人を見かけても見ていないフリをすることに慣れてはいるものの、内心では「貴乃花の息子……」と、ちょっとホクホクしてもいるのでした。

「有名」という言葉からは、甘い蜜が滴り落ちるのであり、人々はまるで蟻のように、その蜜に惹かれてわらわらと集まってくるのでした。テレビでしか見たことのない人が近くにいるというのは妙に嬉しいことなのであり、その昔、スーパーのレジの女性がAちゃんにだけジュースをあげた気持ちも、今となっては理解できる。

芸能人が旅や散歩をするテレビ番組では、飲食店の人が、

「これ、食べてって！」

と、芸能人にソフトクリームだのタコ焼きだのといった売り物を無料で差し出すシーンをしばしば目にします。人気番組に登場するような芸能人はお金に不自由していないわけで、そのような余裕があるなら、経済的に困窮している人にあげればいいのに、と思うものの、芸能人を目の前にした飲食店の人がしたいのは、施しではない。

芸能人はその時、

「いいんですか？　優しいなぁ」

と言って、ソフトクリームなりタコ焼きなりを受け取ります。が、芸能人達も、お店の人が優しいから食べ物を差し出しているわけではないことは、よくわかっていることでしょう。

お店の人は、「テレビに出れば店の宣伝になる」といった気持ちも、持っているのかもしれません。しかしそれ以上に、有名人という輝く存在に対する捧げものとか喜捨《きしゃ》のような感覚で、

「これ、食べてって！」

と言うのではないか。

芸能人としては、とはいえテレビで有名性の特権を堂々と認めるわけにもいきません。

「優しいなぁ」

と、相手の性格を褒めながら食べ物を受け取るのは、有名人特権をケムに巻くためなのではないか。

有名な何かを目の前にすると、このように人の思考は一瞬、停止するのでした。

「これ、すごく有名なお店のケーキなんだって」

と言われるとやたらと美味しく思えてくるし、海外旅行に行って、

「ココ、イチバンユウメイネ〜」

と現地のガイドさんに言われると、思わず案内された土産物店に入ってしまう。有名であるということに、その価値を保証された気になって、自分の感覚で判断することをやめてしまうのです。

「有名」という冠は、多くの人がその価値を認めているということを周囲に知らせます。有名ブランド、有名旅館など「有名」の二文字を見聞きした瞬間、

「へぇ、すごいね」

となるのは、有名さを裏付けるものが本当にあるのかを検証する手間が面倒くさいという面も、あるのでしょう。

「有名」の価値は、メディアの発達とともに高まっていったものと思われます。たとえば江戸時代、人気の歌舞伎役者は有名人だったものの、その姿を直に目にすることができるのは、芝居小屋に入る人数だけでした。役者の錦絵がいくら売れたとて、それは写真ではなく似顔絵だったのであり、役者が身をやつしていたならば、街で会っても、

「あっ、勘三郎《かんざぶろう》！」

とはならなかったに違いない。

殿様などの偉い人にしても、庶民がその顔を見知っていたわけではありますまい。周囲が殿様として扱っている様子を見て、人々は「あそこにいるのが、殿様なのだな」と思ったのではないか。

有名であることの価値は、明治以降、様々なメディアが発達したことによって、飛躍的に高まったものと思われます。写真が掲載された新聞が多数の人の手に届けば、有名人の顔と名前が一致する。さらに時が移って昭和、それも戦後になればテレビや週刊誌が登場し、一気に有名人の数が増加。日本中どこに行っても、

「あっ、〇〇！」

と言われる人が大量に登場することになりました。

全国区の有名人というと、芸能人やスポーツ選手、はたまた政治家といったところが思

い浮かびますが、その中でも戦後に発達したメディアによってもっともその有名性が高まり、盛んに消費されるようになったのが、皇室の人々です。中でもキーパーソンとなったのが、美智子さまという人ではなかったか。

近代以降の天皇家が複雑な歴史を持っていることは、すでに皆さまご存じの通りかと思います。東京に引越ししたり軍服を着させられたり白馬をあてがわれたりと、歴代天皇は激動の近代を過ごし、特に第二次世界大戦中は国民全員から神として崇敬されることに。戦争に負けると、「天皇も人間です」「それは象徴なのです」ということになりましたが、我々は今も天皇家の人々には敬語を使用していますし、半ば神様だと思っている人も、中にはいる。

そんな天皇家に突如、カジュアルな風を吹き込んだのが、美智子さまでした。どこの家においても、他家から嫁いでくる女性は異風をもたらすものですが、天皇家に嫁ぐことになった正田《しょうだ》美智子さんは、戦争に負けるまで存在していた身分制度で言うなら、平民の出。初の民間出身のヨメとして、話題になりました。

彼女は大学までずっとカトリック校育ちで英語も堪能という、西洋のかほり漂う女性です。さらに彼女は、姑の香淳《こうじゅん》皇后や、大正天皇の妻の貞明《ていめい》皇后、さらには明治天皇の妻の昭憲《しょうけん》皇太后のような和風の顔だちではなく、クッキリ二重のバタ臭い（念のため注・西洋風の）美人。身長も高かったのであり、言うならばメディア映えするプリンセスだったのです。

新時代の到来を感じさせる女性が皇太子と結婚するということで、世はミッチーブームとなります。人々は、皇太子よりもミッチーを見たかったのです。

皇太子のご成婚に合わせてテレビを購入する家が激増したのはよく知られる話ですが、ミッチーはもう一つ、女性週刊誌というメディアを育てる役割をも果たしました。

日本では一九五〇年代後半に、週刊誌ブームが到来しています。一九五六年創刊の「週刊新潮」を皮切りに、様々な出版社から次々に週刊誌が創刊され、新聞や月刊の総合雑誌などよりも軽めのニュースを、機動力を持って発信するようになったのです。

そこには、女性向けの週刊誌というジャンルも拓かれました。一九五七年には「週刊女性」、一九五八年には「女性自身」と、こちらも次々と登場したのですが、それら初期女性週刊誌にとって最大の話題が、皇太子のご成婚でした。

一九五八年に結婚が内定し、翌年に結婚した、皇太子と美智子さま。女性週刊誌は毎週、皇室の話題を掲載し続けたのであり、正田美智子の登場は、女性週刊誌という新しいメディアを軌道に乗せる原動力となります。

戦前も、皇室の女性の話題が女性雑誌に掲載されることはありました。しかし身分制度があった時代、雑誌が上つ方について取り上げる時には一定の節度が見られたのであり、興味本位の視線は封印されていたのです。

対して戦後、民主主義の時代となってから皇太子と結婚することになった女性は、民間出身。女性週刊誌というメディアは、当たり前のように興味本位の視線をミッチーに向けました。ミッチーは女性週刊誌において、まるで女優かファッションモデルかのように取り上げられたのです。

さらにミッチーは、美貌、教養、立派な実家など、庶民達をうらやましがらせる様々な資質を持っていました。日本で最も古い家に嫁ぐ近代的な女性をジロジロ眺めたいという小姑のような庶民の好奇心を、女性週刊誌は満たし続けたのです。

かくして美智子さまは皇族のメンバーになった瞬間に、皇族一の有名人、かつ皇族一の人気者となったのでした。女性週刊誌は、ペンペン草も生えないほどに皇室ネタをほじくり返し、つい十数年前まで家長が神様だとされていた家を、庶民の足元までひきずりおろそうとしました。皇族の話題は、女性週刊誌においてはアイドルや俳優のスキャンダルと同列となったのです。

女性週刊誌ではその後も、美智子さまが子供を産む度に、それぞれの出産や子育て秘話を話題に。その間には体調を崩すことが何度もあり、そうこうしているうちに子供達が結婚したり孫が産まれたりその孫が結婚したいと連れて来たお相手がやけにケレン味の強い男性だったりと、結婚以来六十年以上、美智子さまの一族は常に、女性週刊誌に話題を提供し続けました。もしも美智子さまがいなくなってしまったら女性週刊誌は立ちゆくのか、と思うほどに。

女性週刊誌の皇族報道を見ていると、有名であることの弊害ばかりが目立ちます。直近においては、美智子さまの孫の眞子さんと小室氏の結婚問題が紛糾している時、女性週刊誌は徹底的に渦中の人々をつつきまわしました。眞子さんが一般人だったら、親から多少の反対はあったかもしれないけれど、そして後から後悔をしたかもしれないけれど、小室さんとの結婚はスムーズに進んだでしょう。しかし彼女は有名人であったが故に、その結婚はもつれにもつれることに。

無名人達は、自分が無名であるのをいいことに、どこまでも有名人のスキャンダルを欲しがります。有名人は、無名人よりも「上」の存在。だから無名人が有名人のスキャンダルを消費するのは当然の権利、と我々は思っているのです。

有名人と無名人の関係性においては、このように上の方にいる有名人を、下にいる無名人が仰ぎ見るという図式が浮かびます。しかし有名人を有名たらしめているものが無名人の視線であるならば、有名人の生殺与奪《せいさいよだつ》の権を握っているのもまた、無名人の側。有名人を有名にしている庶民の視線は、何かの出来事を契機に、簡単に嫉視や蔑視に変化し、有名人を攻撃するのでした。

してみると、スーパーでジュースをもらったり、お散歩番組でタコ焼きをもらったりするくらいでは、有名人ライフというものはとても割に合いません。が、そんなリスクがあるのを知りつつも、人々は有名になりたいという欲望を持つのです。昭和の時代、お金持ちになりたいということと、有名になりたいということは、しばしばセットとなってもいたもの。

しかし今、「有名になる」ことの価値は、昔より下がっているのでした。若い歌手の中には、顔や本名を表に出さずにヒット曲を連発している人が目につきます。膨大なフォロワーを持ちつつ、やはり顔や本名は秘匿するユーチューバーやインフルエンサーもたくさん。

その手の人々は、「できるだけたくさんの人に、顔や名前を知ってもらいたい」と思っているわけではないのでしょう。自分と同じ価値観を持つ一部の人達の間で強い支持を得ることができれば、その他の人達からは全く知られていなくても構わない。一部の人の間では有名になりつつ、有名になることによって失われがちな生活の質も保ち続けるということを、今時の人々は実現しようとしているのではないか。

無名人の側でも、有名であることを過大評価しないようになってきました。有名人を見ただけでタコ焼きを無料進呈したくなるのは、有名人が雲の上の存在だと思っていた、いにしえ人の体質。その気になればアイドルとでも直接会って話すことができると思っている世代は、仰ぎ見る人に対してすぐ、

「神～！」

などと言うものの、連発されすぎて神の価値は下落。神と実際に会っても案外、しれっとしているのでした。

アイドルなどの有名人を「推す」という活動もまた盛んですが、推す側はやはり、推される側を生かすも殺すも自分達次第、という意識を持っているもの。アイドルを偶像視してひたすら崇めるわけではなく、突き詰めれば自分のために推している、ということを自覚しているのではないか。

かつては価値あるものとされた全方位的な有名性は、今や無駄な重荷となりつつあります。ネットを利用すれば、一介の無名人が有名になることも可能な時代ではありますが、これからは無名性の価値というものが、さらに求められるようになる気がしてなりません。

「ひとり」でいることの権利とリスク

新型コロナウイルスの世界的流行の中、イギリスでいち早くワクチン接種を開始したり、公共施設内でのマスク着用義務を撤廃したりしたのを見て、「さすが」と思ったものでした。イギリスは保守的な国に見えるけれど、歴史を振り返れば、いざという時にはすることが極めて先鋭的。コロナ対応においても、そのお国柄が見られたのです。

そんなイギリスで二〇一八年に、「孤独問題担当国務大臣」が任命されたというニュースを見た時も、私は「さすが」と思ったことでした。孤独は個人でどうにかする問題だと思っていたけれど、イギリスではそれを国としてのリスクだと判断。社会問題として捉えて解決しようとするという姿勢が斬新である、と膝を叩いたのです。

二〇二一年には、日本でも内閣官房に孤独・孤立対策担当室という部署が作られ、孤独・孤立対策担当大臣というポストもできました。コロナが長引くにつれ、自殺の増加といった孤独が関係した問題がクローズアップされはじめていた、当時の日本。そんな時に素早くイギリスの真似をするというのも、日本らしいやり方と言えましょう。

　ちなみに孤独・孤立対策を担当する大臣は、他にも「こども政策」や「共生社会」や「女性活躍」や「少子化対策」や「男女共同参画」などを担当する大臣でもあります。してみるとこの大臣は、女、子供、ぼっち等、「まっとうな男」以外の弱者達の問題をまとめて担うという重責を負っているのでした。部署や大臣をつくったからといって問題が解決するわけではないことは、この大臣の任務の数々を見るとよくわかりますが、とはいえ日本において孤独問題が深刻化していることが明るみに出た、という意義はあるのかも。

　孤独のつらさは、子供でも知っています。子供が誰かをいじめる時に「無視」という手法をとりがちなのは、一人ぼっちにさせることがいかに大きなダメージを相手に与えるか、わかっているが故。子供は、いじめ対象を孤独（内閣府的な言い方をすれば、それは「孤立」になるのかもしれませんが）にさせる一方で、自分には友達がいて孤独ではないのだ、ということを相手に見せつけるのです。

人は、なるべく孤独にならないように生きていこうとします。西行法師《さいぎょうほうし》や兼好法師《けんこうほうし》、山頭火《さんとうか》や尾崎放哉《おざきほうさい》といった人々の場合は、あえて人から離れて隠遁《いんとん》したり放浪したりするという生き方が珍しいからこそ、その生き様が芸となりました。が、彼等のような詩心を持っていない人は、家族や友達がそこそこいた方が、平穏な人生を送ることができるのです。

とはいえ現代は、もしかすると隠遁者がかつてないほど多い時代なのかもしれません。コミュニケーションの手法が複雑化し、コミュニケーション能力というものが重要視されている今。コミュ力の欠如を自覚している人や、ストレス耐性が低い人達は、さっさとリアルなコミュニケーションの道を絶って、自室に隠遁しています。ウーバーイーツやコンビニがある今は、自室でも簡単に隠遁生活ができるのです。

SNS時代となって以降、友達の多さや友情の質の高さ、家族の仲良し度は、世間への重要なアピールポイントとなっています。「孤独ではない」という状態が他人に誇れるものになっているほど、今は孤独な人が増えているということなのでしょう。

「孤独」のイメージも、変化しています。友達との楽しいクリスマスパーティーをSNSにあげる人がいる一方で、クリぼっちの様子をSNSにアップして、自虐の笑いを取る人も。孤独な人が、自身の孤独ぶりを客観視した上で表現するというその状態は、ほとんど山頭火なのであり、「孤独は孤独で、一つの生き方」という感覚が広まっている。私の青春時代、クリスマスイブに恋人と赤プリ（赤坂プリンスホテルの意）に泊まる人（そういう時代だった）は、一人でイブを過ごす人を見て「ああはなりたくない」と差別しましたが、今やその手の差別は消えていましょう。

「孤独」という言葉の反対語が、私には思い浮かびません。「常に他者と共にいること」が孤独と反対の意味になろうかと思いますが、その状態を一言で言い表すのは難しく、もしかしたら「リア充」という語が「非・孤独」の意に近いのかも。

「孤独」の反対語が存在しないのは、かつては「非・孤独」の状態が人間としては当たり前だったからではないかと、私は思います。

テクノロジーが発達していない時代、人はまとまって住まないと生きていくことができませんでした。皆が協力し合うことによって家族も地域共同体も成立したのであり、共に住み、共に生きることが当たり前すぎて、「共にいる」という状態には名前がつかなかったのではないか。

しかし科学技術の進歩によって様々な便利な道具が登場し、また個人主義が日本にもじわじわと浸透していくことによって、人は次第に、まとまって住むことを厭《いと》うようになっていきます。日本で「核家族」（夫婦だけ、親と未婚の子だけ等の家族）という言葉が流行したのは一九六〇年代以降でしたが、その頃になると、結婚後に親と住む選択をしない人々が増えていったのです。

核家族が当たり前になって、三世代同居等の大家族が特殊な事例となると「核家族」という言葉の存在感は薄まります。そして今度は、核家族も作らずに、単身で生きる人がどんどん増加する世となったのでした。

今の日本で単身世帯の割合は、その他の人数の世帯の割合を抑え、最も高くなっています。高齢化が進む日本では、高齢者の単身世帯の割合がさらに増えることが予測されているのです。

子供は独立し、配偶者とは死別や離別をした高齢者の単身世帯の他に、結婚を経験していない単身者も、増えることでしょう。「８０５０問題」という言葉が流行りましたが、八十代の親が他界すれば、ひきこもっている五十代の子供は一人になり、そして着々と老いていくことに。もちろんひきこもりでなくても、ただ単に結婚をせずにいる人も、増えています。

現在は、ポリティカル・コレクトネス的な視点から、他人に対して、

「結婚した方がいいんじゃないの？」

と勧めたり、

「早く子供を産んだ方がいいよ」

とプレッシャーをかけたりすることはできません。これは独身者問題に限ったことではありませんが、他人の孤独に対して同情したり、孤独解消のために手を差し伸べたりする行為は全て余計なお節介、と言うよりは孤独当事者を傷つける罪となったのであり、親であろうとその手の発言は許されない時代となりました。

三十代だった頃、結婚しないでいることに「負け」感を抱いたからこそ、私は『負け犬の遠吠え』（二〇〇三年刊）という本を書いたのですが、今はもう、結婚をしていないからといって負け感を抱く必要はなくなったようです。結婚するもしないも、個人の自由。プレッシャーも焦りも感じなくていいのだ、と。

同様の現象は、様々な場所で見られるようです。たとえば教育現場においては、学校に行きたくない人は無理して行かなくてもいい、という考えも支持されるようになっています。小中学校の不登校児童生徒の数は元々増加傾向にあったところ、コロナ時代となってさらに激増し、過去最多に。

子供達だけではありません。今や会社員であっても、〝出社拒否〟という状況になる若手が、珍しくないのだそう。ブラックな職場というわけでなくても、「どうしても行けません」ということになり、親や上司といった大人達も無理強いすることができずに、出社拒否状態が続いていく。

学校で勉強することも、職場で働くことも、そして結婚を目指すための恋愛や婚活といった諸活動も、全ては他人と交わる行為であり、そこには多かれ少なかれ、人間関係のストレスが発生します。そのストレスがつらいと悩む若者に対して、昔は周囲の大人が、

「何を甘いことを言ってんだ」

と、尻を叩いて無理に前進させたわけですが、今は尻を叩くなどという乱暴な行為は厳禁。大人達は、

「無理はしないで。あなたはあなたのままでいい」

と、言ってくれるのです。

子供が少なくなり、若者が希少であるからこそ、時代はどんどん優しくなっているのですが、その優しさに包まれながら発生するのが、こういった〝若年性孤独〟の問題なのではないかと私は思います。

それは、定年退職後のおじいさんの孤独とか、配偶者と死に別れたおばあさんの孤独とは異なるタイプの孤独です。身体はピンピンして体力も有り余っている若者達は、しかし人と交わることのストレスに容易に跳ね返され、「非・孤独」の道を歩むことを早いうちから諦めるのです。

学校に行かないことを選択した子供達は、無理に登校する必要がなくなって、ほっとすることでしょう。職場がつらくて引きこもり状態になった人も、「一人」というノーストレスの状態で過ごすことによって、開放感を得るに違いない。はたまた、昔なら「負け犬」と言われた年頃の人が、負け感など感じずに過ごすのも、悪いことではないのです。

しかしそんな若い人々は、それが自分で選んだ孤独であるが故に、「孤独がつらい」と表明しづらくなっているのではないかとも思うのでした。

たとえば私と同世代の人は、結婚がしたいのにできないという状況下で多くの人が焦燥感を抱き、もがいていました。すると誰かが同情してくれたり、「いい人を紹介しよう」と手を差し伸べてくれたりしたもの。

対して今は、

「結婚をしなくても、それは一つの選択なのだから、今の人は焦ることも、もがくこともしないのでしょうね」

と周囲から見られ、「だったらそっとしておこう」と、誰も手を差し伸べません。

しかし本当は、「結婚したいのに、できない。婚活もうまくいかないし」という悩みを誰とも共有できないことがまた孤独、という人もいるのではないか。そしてその手の人は、かつての我々のように、キャンキャンと遠吠えもできずにいる。

……というような考えを世間では「老婆心」と言うわけですが、しかし学校や職場といった、人間関係のるつぼにおけるストレスに耐えられず一人でいることにした若者についても、同じことが言えるように思えます。一人でいることを自分で選択したわけだし、本人が何か言ってくるまでは何もできないよね、と周囲は思いがちなのです。

例の孤独・孤立対策担当室では、「あなたはひとりじゃない」というウェブサイトを作り、孤独に悩む人の原因別に、様々な支援制度や相談窓口を紹介しています。孤独を感じたら自分でサイトを見て、相談できるところを探してくださいね、ということで、マーケティング用語で言うところの「プル型」、つまり当事者からの接触を待つ形の対策となっている。

内閣府としてもおそらく、若年性孤独に悩む人の事情に配慮しているのでしょう。一人暮らしのお年寄りであれば、自身の寂しさを自覚しているので、見回りサービス等、当事者のところまで出かけていく「プッシュ型」の孤独対策も、素直に受け入れる。対して若年性孤独を抱える人は、自分でそちらを選んだということになっているが故に、

「あなた、寂しいですよね？　何かお手伝いしましょうか？」

とズカズカ来られることを嫌うだろう。……ということで、プル型対策が取られている

のではないか。

　ちなみに今年からは、一部の携帯電話会社で使用料の支払いが遅れた人に、SMSで「あなたはひとりじゃない」のサイトの案内を送るというプッシュ型の発信も行っていくのだそう。いきなりその案内が送られてきた時、若者達はどう反応するのか？

「孤独は、人の心身を蝕みます。だから孤独は撲滅しなくてはならないのです」といった強い姿勢ではなく、「あなたには孤独でいる権利があります。でも万が一、孤独でつらいと思っているならば、相談できるところがありますよ」といった優しい姿勢で、孤独な人をそっと包み込もうとしている現代社会。その気の使い方は、「ひとり」という言葉の使われ方を見てもわかるのでした。

　私は「一人」と書きがちなこの言葉ですが、世の中では「ひとり」と、ひらがなで書かれることが多くなっています。内閣府のサイト「あなたはひとりじゃない」にしてもそうですし、「おひとりさま」という言葉にしても然り。

　ひらがなの方が柔らかなイメージがあるから、ではあるのでしょう。文字が持つ意味のエッセンスが詰まっている漢字で「一人」と書いてしまうと、「一」という文字から寂しさが匂い立ち、孤独で悩む人や独身者に、

「たった一人で生きている」

という事実を突きつけるかのよう。内閣府においても、

「『あなたは一人じゃない』って書いたら、一人で生きている人は傷つくんじゃないか？」

「そうですね、ここは『ひとり』にしておきましょう」

などと話し合われたに違いありません。

最近は、このように言葉狩りに遭う前に自主的に刈り取っておくという行為が目につくのですが、このままで行けば、「孤独」という言葉もそのうち、使われ方が変わってくるのかもしれません。

「『孤』と『独』って、字面がキツすぎると思うんですよね」

「かといって『ぼっち』って書くわけにも……」

「『こどく』？『ロンリネス』？何か言い換えを考えないと、孤独な人が傷ついてしまう」

などと、すでに落とし所を探っている人がいるのではないか。

このように、「ひとり」でいる「こどく」な人は、周囲から優しく優しく心配されているのでした。孤独でいる権利は認められながらも、一方で国は、孤独が原因となって発生する様々なリスクを危惧しています。かつては、看護も介護も看取りも、全て家族のメンバーでしていたものが、今や大量の単身者が、「どうやって人生の終わりを一人で迎えようか」と右往左往しているのですから。

非・孤独な人生を歩んできた人々は、そんな孤独者達を見て「よかった、私は孤独じゃなくて」と思うのかもしれませんが、決してそのようなことを口に出してはならないのが、今のご時世。孤独な人が差別されない世の中にはなったものの、孤独者と非・孤独者の間の距離は、どんどん離れていく気がしてなりません。

おたくが先達、〝好く力〟格差

若者や子供達に対して、

「何かメッセージをお願いします」

などと言われることがたまにあります。未来ある若い人々に、生きる上で役立つアドバイスを、ということなのですが、「生きる上で役立つアドバイスがあれば、自分が知りたいものだ」と思い続けている私としては、そんな時にいつも困り果てるのでした。

困った末に私が言いがちなのが、

「何か一つ、大好きなものを見つけられるといいですね」

ということ。大好きなものがあれば、おのずと進路も決めやすい。それが将来、仕事になるとは限らないものの、大好きな何かが存在することによって、人生には張りが出るものですよ、と。

しかしそう言われた若者達は、「あーまたそれ」という顔をしています。今、「好きなものを見つけろ」というのは、おそらく大人達が最もよく口にしがちなアドバイス。

「夢中になれるものを探せ」

「『好き』を力に」

などと、若者は何かというと「とにかく何かを好きになれ」とけしかけられ続けているので、すでに耳にタコ、という状態なのではないか。

昨今は、「好く力」とでも言うべき能力が、非常に重要視されている時代です。何かを好きになる力の多寡によって、人生は面白くもつまらなくもなる。また、「好く力」を持つことによって、人生はグッと楽にもなるようだ、と大人達は実感しているのであって、だからこそ我々は若者達に、「好きになれるものを見つけろ」と言いがちなのです。

子供の頃から大好きな道が定まっていれば、その道をひたすら進むことによって、人生は切り拓かれていくものです。進路にしても、好きなことがある人は、あまり悩まずに済む。絵を描くことに夢中なのであれば、美大を目指すことになりましょう。料理が大好きで料理人になりたいのなら、特に大学に行かなくてもよいのです。

その道に対する「好く力」が強ければ強いほど、学歴などは不要と言うこともできます。たとえばさかなクンは、子供の頃からの魚好き。東京水産大学（現・東京海洋大学）進学を目指したものの叶わなかったのだそうで、動物関係の専門学校を出た後、魚関係のアルバイトを続けつつ魚好きの道を邁進し、今となっては、東京海洋大学の名誉博士・客員教授となっているのです。また棋士の藤井聡太《ふじいそうた》さんは高校を中退していますが、将棋界における彼の存在感を思えば、彼が高校を卒業していようといまいと、どうでもいいことでしょう。

さかなクンや藤井聡太さんのように、突き抜けた「好く力」を持つ人にとって、学歴が高いも低いも関係のないものです。我々大人は、子供に「勉強しろ」と言う時、

「良い学校に入ると、それだけ将来の選択肢が広がるんだからね」

と言いがちですが、幅広い選択肢を必要とする人は、反対に言うならば「好く力」に恵まれていない人。強烈に好きなものを持っていない人ほど、選択肢を広げるために、頑張って勉強しなくてはならないと言うこともできます。

とはいえ、さかなクンや藤井聡太さんのように突き抜けた「好く力」を持つ人は、ごくわずかです。多くの人は、それほど強く何かを好きになれるわけではなく、また好きは好きでも、それに伴う才能に恵まれなかったりする。「好く力」は天からの授かりものだか

らこそ、普通の人々は「いつか、本当に好きになれる何かと出会えるのではないか」と思いつつ、受験勉強に励むのです。

かく言う私も、好く力には恵まれていません。子供の頃から、強烈に好きなジャンルや得意な科目があったわけでなく、

「大人になったら何になりたいの？」

とか、

「将来の夢は？」

と聞かれる度に、何も思い浮かばずにモゴモゴするのみ。

芸能人などの大ファンになることも、ありませんでした。我々が中学時代のジャニーズアイドルというと、トシちゃん、マッチ、そしてヨッちゃんという〝たのきんトリオ〟と言われる三人だったのですが、

「トシちゃんと結婚したい！」

などと目をハートにしている友人を見つつ、私はポカンとしていたもの。私には、ジャニーズのアイドルにキャーキャー言う気持ちが、全く理解できなかったのです。

その時は、むしろ「アイドルなんてくだらないわ」と、アイドルに夢中な友人達を上から目線で見ていた私でしたが、しかし今や、アイドルを好きになる力というのも、立派な

「好く力」。アイドルを推すのに年齢は関係なく、その力を持つ人こそが人生を楽しむことができる、とされているのです。

あの頃、トシちゃんと結婚したいと言っていた人は、その後も様々なジャニーズアイドルのファンであり続け、今はＳｎｏｗ Ｍａｎを推しているのだそう。また、かつてマッチ好きだった人はＢＴＳに夢中なのであり、

「娘と一緒にＢＴＳの推し活をしている時が、一番楽しい」

とのこと。

推しを持つ人々は今、私のような〝推せない女〟に、「推しを持つということが、いかに人生を豊かにしているか」を懇々と説きます。

「推しがいなかったら私、生きていくのが嫌になっていたと思う。あなたも推しを持った方がいいわよ」

「ライブに行くと、全身の細胞が活性化される感じ！」

ということで、推しを持つということは、ほとんど健康法とか宗教のようなものとなっている。その手の人の前で「推しを持たない人」は、喫煙者とか異教徒とかのように見られるのです。

「推しを持つべき」という布教、ではなくプレッシャーにさらされた結果、新たに推しを持つに至った中高年も、激増しています。大人になって罹患した水疱瘡のようにその症状は激烈ですので、

「推しを持ってから、人生が変わった。モノクロだった世の中に、色がついたの！」

とか、

「推しのライブに初めて行った時、『やっと自分も推しを持つことができたんだ』と思ったら、嬉しくて号泣してしまった」

など、その効能が強い口調で語られるのでした。

その昔、アイドルに夢中になるような人は「ミーハー」などと言われていたもの。大人になってまでアイドルを追い続ける人はいませんでしたし、いてもその性癖を隠していたのではないか。

対して今、推しを持つ大人はどこか誇らしげであり、大手を振って推しています。「好く力」を持つ人と持たない人の間には確実に分断が生じ、あちら側には時流に乗っているムードが漂うのです。

このような状況を見ると、「好く力」への評価が、ここ数十年で激変していることが理解できるのでした。かつて、何かもしくは誰かのことを激しく好きになる人のことは、

「○○マニア」とか「○○狂」と言われていました。「マニア」はもともと、狂気を意味する言葉だそうですので、両者の意味はだいたい同じ。一つのことに、熱狂的に夢中になる人のことを指していたのであり、多少呆れながら傍観するムードが、それらの言葉には含まれていました。

そこに「おたく」という言葉が登場したのは、一九八〇年代のようです。アニメ好きなど、互いのことを「おたく」と呼び合うような人達のことが「おたく」と称され、その絶妙なネーミングが世に広まったのです。

特定のジャンルにだけ詳しく、その他のことにはほとんど気を配らないように見えるおたく。当初は、揶揄混じりに「おたく」と言う言葉は使用されていました。

しかし「好く力」が注目される世の中になると、おたくは尋常でなく強い「好く力」を持つ人々として、一種の畏敬を集めるようになります。たまたまアニメやアイドルや鉄道など、趣味の分野におけるおたくばかりが目立っているけれど、何かを深く追究する研究者なども、実はおたく的気質を持つ人々であるとしたら、おたく気質は世の中に不可欠なもの。何かに没頭できる資質は素晴らしい!! という気運も見えてきます。

「好く力」に恵まれない人々は当初、おたくのことを下に見ていました。しかしどれほど揶揄されようと、おたく達は全く気にしません。というよりおたくの人々は他者からどう言われようと、好きな対象を思い切り愛することさえできれば、とても幸せそう。この、〝おたくの多幸感〟も、今は注目される感覚でしょう。

おたくの人々の多幸感の源は、「好かれる」ことに無関心、というところにあるのではないかと、私は思っています。思う存分に「好く」ことさえできれば、好かれなくてもおたく達は平気。もちろん、誰かから好かれればそれなりに嬉しいにしても、好いている対象から好かれなくても、またその他大勢から好かれなくても、彼等は何ら痛痒《つうよう》を感じない模様です。

好かれることに無関心なその姿勢は、「モテ」に汲々とする人々とは正反対に見えるのでした。より良い異性と付き合ったり結婚したりするためにはとにかくモテなくては、と特に女性が必死になっている時代が、かつてありました。相手に好かれる外見になるように努力をし、相手が手を出しやすそうな発言や態度を心がけるというその姿勢は、楽しそうでありつつ、大変そうでもあった。

モテそうな外見、モテそうな言動をいくら整えたとて、最後の判断は相手に任せなくてはならないという、受動的な状態にあるのが、モテの現場にいる人々です。自分が本当に好きなこと、したいことをするというよりも、相手の好みを予測し、合わせてばかりいることによって、彼女達からは「好く力」が薄れていったのです。対しておたくは「どうしたら好かれるか」という思考は捨て、対象を好く能力のみを肥大化させた人々です。そこに見返りがなくとも、自分が存分に好くことができれば、満足することができる。

鉄道おたくの知人男性が何人かいるのですが、彼等は皆、とても幸せそうです。中には、鉄道を愛しすぎて人間を愛する暇がなく、ほとんど鉄道と結婚したような人もいます。が、そのような人も、

「やっぱり家族を持っておけばよかった」

などと言うことは、決してない。いつでも列車に乗りに行くことができ、どこにでも鉄道模型を置くことができる自由は独身ならではのものと、何歳になっても多幸感に浸り続けているように見受けられます。

そのような人々を見ていると、私はやはり、「好く力」を豊富に持つ人がうらやましくなってくるのでした。幸せな人生を送るには、つがいを作らなくてはならず、そのためには異性に好かれなくてはならぬ、と私も若い頃にはゼイゼイしていましたが、何かを、そして誰かを強烈に好きでいるだけでも、人はこんなに幸せなのだ、と。

思えば平成の頃まで、日本女性は基本的にモテを求める時代が続いていました。なんだかんだ言っても、「やはり女性は、男性から愛されるのが幸せ」で、「告白やプロポーズは、男性から」がよい、とされていたのです。

そんな時代、「ａｎａｎ」など革新系女性誌に定期的に掲載されていたのが、

「愛されるよりも、愛する女性になろう」

といった特集でした。男性からモテるのを待つのではなく、自分から好きになったり、自分から告白してもよいのだ。ただモテを待つよりも、自発的に愛することによって人生は豊かになる、と。

ところが革新系女性誌でいくらその手のことを訴えても、「ＣａｎＣａｍ」などの保守系女性誌では「春の愛されメイクテク」やら「モテカワワンピ大特集」やらを押し出し続けました。自分から愛したり告白したりといった気配は、その手の雑誌の中には微塵も見えなかったのです。

そんなモテの時代には、モテる人はモテない人より偉いという意識があったもの。モテの量よりも質が大事だ、といった細かな議論はあったものの、ちゃんとモテてちゃんとプロポーズされた人を、そうでない人はじっとりと見つめていました。

しかしその後、モテの戦線から離脱する女性達が続出します。努力したからといって必

ずモテが得られるわけではない恋愛の現場は、あまりにハード。心が折れて「もうやめた」と戦場から離れる人が多くなり、モテブームは沈静化していきました。

そんな女性達がふと視線を上げた時、そこにいたのが、先達であるおたく達だったのではないかと私は思っています。彼女達は、そこでおたくとカップルになった……のではなく、「あの人達みたいに、モテなど求めずに、自分から何かを好きになることに徹するのも、いいかも」と思ったのではないか。おたくの世界では、モテの世界のように、努力がアダとなることはないのですから。

今、ひたすら「好き」という気持ちを掘り下げていく女性達が増えている背景には、そのような事情があるように思います。自発的に何かを好きでいる時間は、モテを待つだけの時間よりもずっと充実しているということで、女性達は好きな対象にどっぷりとハマっているのではないか。

何かを好きになりたくてたまらず、ウズウズしている人だらけの今の世。いわゆるコンテンツビジネスに携わる人々は、そんな人々の渦の中に何を投入したら、人々の「好きになりたい」という欲求を充足させることができるかを、日々考えています。恋愛や結婚といった面倒臭い行為からは逃避し、ただ「好きになりたい」「ハマりたい」という欲求を抱えてうごめく人々は、今度は巨大な市場として狙われているのです。

が、ただお金を払うだけで欲求が充足できるならば、こんなラクなことはありません。アイドルやアニメのグッズに投入される多大なお金は、本来何に使われるはずのお金だったのか。……などということは考えず、これからも人々は日夜、「好く力」にひたすら磨きをかけ続けるのでしょう。

バカ差別が許される理由

男女であれ人種であれ容姿であれ、様々な差別は「してはいけないこと」であるという認識が広まり、差別をなくすための様々な活動が行われています。しかしそんな中で一つ、世界中で容認され続けている差別がある気がして、それが「バカ差別」なのではないかと思うのでした。

頭の良い人は頭の悪い人を下に見ても仕方がないし、それは当然の行為。頭の良い人がそうではない人の上に立つことによって社会は進歩していくのだ、という感覚が世にはあります。頭の良い人が世を動かすシステムを構築し、そうでない人はそのシステムで動かされる側、と言いましょうか。

「それは当たり前でしょう。頭の良くない人が上に立っても困ってしまうし」

と、多くの人は言いましょう。私も、首相がトンチンカンな発言をしたりする度に「バカじゃないの」などと言う訳で、トップに立つ人には、頭の良さを期待しているのです。

しかし「身長の高低」や「顔の美醜」といったものと同様に、「頭の良さ悪さ」もまた脳の力ということで肉体的資質の一つであるとするならば、脳力の高い人が脳力の低い人を支配することにも抗議の声が上がってもいいのではないか、という気がするのです。

たとえば肉体労働で得る賃金は、頭脳労働の賃金よりもぐっと低いのが世界的な趨勢《すうせい》です。頭脳労働をするには様々なスキルが必要なのだからそれは当然。肉体労働は誰にでもできる仕事だから、その対価は安いのだ、ということなのです。

しかし、脳力の違いでたまたま、肉体労働が向いている人と頭脳労働が向いている人が存在しているだけなのに、両者の賃金格差が大きく開いてしまうというのは、これいかに。単純に消費カロリー量で考えるならば、肉体労働の方がずっと大変だというのに……。

肉体労働者よりも頭脳労働者の方がたくさんお金をもらえるというシステムを作ったのは、脳力の高い人です。そして我々も、「そういうものだ」と思っているのであり、

「それっておかしいんじゃないの？」

とくってかかる人は多くありません。

肉体的な資質に恵まれた人は、その技量を磨いてプロスポーツ選手として成功すると、

凡百の頭脳労働者が及びもしない高収入を得ることができます。とはいえ肉体的資質で高収入を得られる人は、全体のごく一部。さらには、イチローや大谷翔平《おおたにしょうへい》など、スポーツ界における昨今の成功者というのは、ただ肉体的資質に恵まれているだけでなく、自分で考える力を持つ人でもある。筋力と脳力の両方に恵まれていないと、スポーツ界での大成功も望めなくなってきました。

体力にのみ恵まれている人が脚光を浴びることができるのは、せいぜい小学校の運動会まで。その後はどんどん脳力がものを言うようになってくるのであり、受験で計測されるのも、基本的には脳力の高低です。体育大学等を除けば入試科目に体力を測るテストは存在しないわけで、高等教育機関は、脳力が同程度の人達が集まって学ぶ場になっているのです。

就職にしても、そうでしょう。キャリア官僚の、学歴的偏りを見よ。各省庁は、国の舵取りをする人材として脳力の高い人を欲しているのであり、勉強が不得手な人は、どれだけ熱望してもキャリア官僚にはなれません。キャリア官僚でなくても、一定レベル以上の大学出身者しかいない企業はたくさん存在するものです。

企業が、容姿の良い人だけを採用していたら、それは容姿差別となります。が、脳力の高い人だけを採用しても、バカ差別にはなりません。学校でも企業でも、脳力の高い人を選ぶことは、正当な行為なのです。

このように、バカ差別は差別だとは思われず、当然のこととされているのでした。運動能力の低い人がオリンピックに出られないことを「差別だ！」と言わないように、勉強ができない人がキャリア官僚になれないのは自明のことなのです。

バカ差別は、社会のあちこちに存在しています。頭が悪いとみなされると、頭の良い人から見下されたり、騙されたり、閑職に追いやられたりとひどい目にあうにもかかわらず、しかしそれは「能力主義」などと言われ、差別とはされない。

ここで「バカ」という言葉を私は使用しましたが、バカ差別がまかり通っている一方で、バカという言葉は今、禁句扱いされているのでした。会社で上司が部下に対して、

「バカだなお前」

と冗談半分で言ったらパワハラで訴えられて退職に追い込まれた、という事例すらあります。

ここで「バカ」を「アホ」に置き換えてみると、どこか上方《かみがた》の優しげな空気感が漂ってくるものです。会社で、

「アホやなアンタ」

と上司が部下に言っても、パワハラにはならないのではないか。

関東の直截《ちょくせつ》的な言い方である「バカ」を使用した方が、確実に存在する〝脳力や能力が低い人に対する差別〟の厳しさをお示しできるのではないか。そんな気がして、あえて「バカ」という危険な言葉をここでは使用したいと思いますが、今は特にこのバカ差別が厳しい世なのではないかと私は思います。

失敗をした人や言動が面白くない人は、すぐに「バカなの?」「頭悪い」とネット上などで吊るし上げられるのであり、バカがバカとしてのびのびと生きることができない今は、バカにとってはつらい世。

なぜ今、バカ差別は激しくなっているのか。記憶をたどってみると、バカ差別ブームは養老孟司著『バカの壁』に行き着くのではないかと私は思っています。『バカの壁』は、二〇〇三年に刊行され、大ベストセラーとなった書。知りたくないこと、興味のないことには耳を貸さず、情報を遮断してしまうことが人にはしばしばあるが、その遮断してしまうものこそが「バカの壁」。……ということで、バカを揶揄したり、下に見るような内容ではありません。

しかし『バカの壁』という書名があまりに有名になり、「読んではいないが、知っている」という人が増えた結果、この本はバカを攻撃するような内容だろう、というイメージが勝手に膨らみました。またタイトルがシンプルで印象的であったため、「バカ」という言葉自体も口の端に上りやすくなったのです。

『バカの壁』の大ヒットの後は、バカについての本、と言うよりはバカを揶揄したり攻撃したりする本が多数登場しました。ホリエモンからひろゆきまで、様々な人々がバカをバカにする本を刊行。『バカとつき合うな』『バカと無知』『バカの人』『自分は自分、バカはバカ』『ウェブはバカと暇人のもの』『バカが多いのには理由がある』……等々、バカは盛んに攻撃され、バカ本ブームが発生したのです(同時に、「○○の壁」的な〝壁本〟も流行ったが)。

養老先生もまた、『超バカの壁』『バカのものさし』『バカの壁のそのまた向こう』等、バカ本の刊行を続けました。バカ本ブームは、『バカの壁』から二十年経った今も継続中と言っていいでしょう。

『バカの壁』がベストセラーとなったのは、経済的に成功するもしないも自己責任、という風潮が強まった時代です。脳力や才能が無い人、努力をしない人は豊かになれなくても仕方がないですよね、という空気が、格差を助長しました。

格差社会において広まったのは、「特に頭が良いわけでも、努力家でもない自分は、格差社会で下流を生きなくてはならないのでは」という不安です。だからこそバカ本の数々は、人々の心を捉えたのではないか。

バカ本の著者達は、バカではありません。頭が良いからこそ、バカのバカっぷりが目についてしまい、イライラしてバカ本を書くのでしょう。

対してバカ本を読む人達は、「自分はバカではない」という確かな自信を持つことができません。だからこそ、他人からバカだと言われる前に他人をバカ呼ばわりして安心すべく、バカ本を手に取るのではないか。

自分はバカなのか、はたまたバカではないのか。その問題について、はっきりとどちらかだと言い切ることができる人は、多くないものです。バカな部分もある。でも冴えてるところも少しはあるのではないか、というまだらな状態の人が大部分。

私もまた、その手のまだらバカであるわけですが、対して世の中には「自分は頭が良い」という揺るぎない自信を持っている人も、存在するのでした。そしてその人達は、頭が良いのだからバカのことなど放っておけばいいのに、バカ本の数々を見てもわかるように、意外にバカ差別をするのです。

頭の良い人と接している時、私もしばしばバカ差別をされます。バカを隠す努力はしているつもりなのですが、頭の良い人は、そんな糊塗《こと》などすぐに見抜く。

頭が良い人はもちろん、

「頭が悪いんですね」

と私に言うわけではありません。しかしこちらのことをバカだと思っているというムードはギンギンに漂わせるため、私は「バカがばれた」としんみりした気持ちになるのであり、相手がバカだとわかったのなら無難に天気の話でもしてろや、などと悔し紛れに思う。

しかし頭の良い人は、天気の話が嫌いなのです。かつて私は、頭の良い人から、

「スモールトークばっかりしてる人って、嫌になる」

と言われたことがあるのですが、それは、天気の話だの食べ物の話だの、あの人って○○に似てるよねといった話だのといったスモールトークが大好きな私に対する強烈な嫌みだった気がしてなりません。

スモールトークは、脳力が高かろうが低かろうが参加することができる、貴重な話題です。しかし脳力の高い人は、そういった卑近な会話ばかり交わされているとイライラしてしまうのであり、「もっと意味のある、もっと大きな話がしたい」と思うのです。

が、世の深淵に触れるような大きな話は、いわば脳力の高い人達にとっての内輪話。それは、同じ程度の脳力を持つ人だけがいる場でしていただきたいと思いつつ、私は彼等をいたぶるように、

「この花は、薔薇ですよね〜」

などと、話をますます小さい方へと持っていくのです。

とある頭の良い人が書いた随筆を読んでいたら、

「自分と同レベルの人と話をすることができないのが寂しい」

といったことが書いてありました。周囲にバカしかいないのはさぞ辛いことかと思いますが、そういった孤独を引き受けることが、脳力が高い人の責任なのかもしれません。

極私的な統計によると、バカ差別をする人は男性に多いものです。バカ本の著者もまた男性が圧倒的に多いのであり、頭の良い女性の方がずっと、バカには優しい。頭が良い上に、女よりもぐっと優位な立場にいる男なのだから、バカ女を相手にバカ差別をしなくてもいいではないか、と自分のバカさ加減をバカにされる度に思うのです。

これが例えば、

「やっぱり女はバカだねぇ」

という発言でもあれば、

「女だからって差別しないでください！」

と鼻の穴を膨らませてキーキー言うこともできましょう。が、先方はそのようなことも言わず、どうやら当方のことを人間としてバカだと思っている様子。バカ差別は差別ではないことを考えれば、バカであることをバカにされても怒ることはできない。そして相手に反駁《はんばく》できるような頭脳が当方にあるならば、そもそもバカ差別はされていない……。

脳力が高い人ばかりが高い地位につくといったバカ差別はなぜ差別にはならないのかと考えてみると、それを差別だとすると、世の中が大混乱に陥るからなのだと思います。脳力の高い人も低い人も、同じ人間。同じように扱わないと差別です、となったなら、入試や入社試験はすべて抽選になってしまうかも。鋭敏な頭脳が必要な職場に、脳まで筋肉化したような人がやってきたかと思えば、屈強な肉体が必要な職場に、非力なガリ勉が配属されたりと、様々な悲劇が生まれます。

もちろん、他人をバカ呼ばわりしたり、バカを理由にいじめたりするといった表面的な行為は、今も差別に問われます。しかし脳力の高い人ほどお金をたくさん儲けたり、脳力が高い人がそうでない人を支配するような根本的な仕組みは、能力主義などと言われて当たり前に存在しているのであり、それが禁じられてしまったら、社会の根本から変えなくてはならない。頭の良い人々は、自分達が上にいることができる現在の仕組みを、変えることはないのでしょう。

動物園に行くと私は、もの悲しい気持ちになります。檻の中に入れられているのが動物で、動物を檻の中に入れて見物しているのが人間という様子は、「唯一無二の知能の発達を遂げた人間は、そうでない動物よりも偉い」という感覚を示している気がしてならないから。もちろん、動物園は絶滅危惧種を保護するなど様々な役割を果たしているのだとは思いますが、檻を挟んで動物と相対していると、人間の傲慢さを感じずにいられません。

地球上には人間よりも足の速い動物もいれば、人間よりもずっと大きな動物もいれば、人間が持っていない様々な能力を持つ動物もいます。だというのに人間はたまたま脳を極端に発達させた結果、地球すべてが自分のもの、と思うようになりました。そして自分達の都合に合わせて、様々な動物を生かしたり殺したり食べたり飼ったりしているのです。

しかしいつの日か、人間よりずっと知能が発達した宇宙人が地球にやってきたとしたら、人間もきっと動物園の檻の中に入れられ、見物される側になることでしょう。屈強な身体を持つヒトは宇宙人に使役されているため、動物園の檻に入るのは、かつて頭脳労働に従事していたヒト。「ひどい」と訴えても、

「ヒトが何か鳴いてるよ」

と、宇宙人の子供が親に言うだけ、ということになるのかも。そうなった時に頭の良い人々は初めて、バカ差別の痛みを知るのかもしれません。

ミヤコとアズマ、永遠のすれ違い

地方の人はしばしば、

「東京の人は冷たい」

と言います。昔の歌謡曲でも、上京する若者に対しては、「都会に染まるな」といった言葉が投げかけられているのであり、東京には、何か悪いものが渦巻いているというイメージがあるようなのです。


東京に住む身としては、その手の言説に触れると、少し寂しい気持ちになるもの。都市には人がたくさんいるので、見知らぬ人と安易にかかわらないということが一種のマナーとなっており、それが「冷たい」と見えるのかもしれません。が、東京人も人の子。善人もたくさんいるのに、と。

ある地方では、

「〇〇さんは東京の人にしては珍しく、とてもいい人だ」

と、共通の知人を褒める人がいました。私が東京の人間だということを知った上での発言と考えると、私の性格を非難したいのか、東京人全体を非難したいのかよくわからなかったのですが、とにかく東京人のことが嫌いなのだ、ということはよくわかった。

そんな折、京都の人も東京人と同じようなことを言っていたのです。

「『京都の人って、言ってることと思ってることが違うんでしょ？』って無邪気に言われたことがあって、傷ついた」

と。

「お客さんに、本当に『ぶぶ漬けいかがです？』って言うんですか」

という質問もしばしば受けるそうで、

「そんなん言わへんワ！」

とも言っていました。

京都と東京は、このように他の地域の人から悪口を言われやすい土地のようなのですが、それというのも片や前・首都、片や現・首都ということで、共に「みやこ」経験を持つ華やかな地だからなのでしょう。

京都は、平安遷都から江戸時代が終わるまでの千年余り、日本の都《みやこ》であり続けた地。平安京以前にも、都が置かれた地はいくつも存在しますが、都歴が圧倒的に長いのは京都であり、その文化の蓄積は、今も他の地を圧倒しているのです。

対して東京は、明治から現在まで、百五十年余ほど、都を張っています。都としての歴史の長さでは京都に到底かなわないものの、現役の都ということで、人にしてもお金にしても、東京に一極集中しがちなのです。

特に東京は、今の日本では〝強者〟と目されがちな地なのでした。強者はしばしば、「アンチ」を生むのであって、多少の悪口を言われるのは仕方がないところもありましょう。東京は、野球の巨人軍を嫌う人が多いのと同じ理由で、嫌われるのだと思います。巨人は豊富な資金力を利用して、しばしば他チームのスター選手を引き抜きます。巨人が人気球団であることを自覚しているからこそ、

「なんだかんだ言ったところで、君もウチのユニフォームを着てみたいんじゃないの？子供の頃から憧れてたでしょ？　もちろん年俸だって大幅アップだよ」

とばかりに（個人の想像です）、選手を移籍させる。

同じように東京も、豊富な資金力にモノを言わせて、地方から人材を吸い上げていく都

市に見えるのでしょう。楽しいことも、刺激的なことも、東京には揃っている。……というキラキラやギラギラに惹かれて、若者は地方からどんどん上京するのであり、親御さんとしては東京に子供を奪われたような気持ちになるのではないか。

上京した子供の様子を親御さんが見に行けば、駅でも街中でも、無表情な人々の群れが無言で歩いている。そんな殺伐とした東京に子供が慣れれば慣れるほど、親御さんの胸には「東京は、好きじゃない」という思いが募る気がしてなりません。

アンチ東京の人が多いのに対して、アンチ京都という人は、あまり見かけません。現・首都の東京が社長職だとしたら、前・首都の京都は、いわば会長職。既に恬淡《てんたん》とした存在感を漂わせているのであり、東京に対するようなむき出しの敵意は向けられないのです。「京都の人は、言葉と真意の間にズレがあるのか」とか、「ぶぶ漬け食べますか、と本当に言うのか」といった質問は、都市伝説の真偽を確かめたい、という好奇心からくるのではないかと思われます。

そんな違いがある中で、東京と京都という新旧の都が共通して言われやすい悪口、それは「田舎者に冷たい」ということでしょう。決してそんなことはない、都市は地方から来た人を迎え入れる度量を持っているからこそ都市として成立しているのであり、実は田舎の方が排他的なのではないか。……という意見があるのは重々承知しています。しかし東京でも、地方出身者の方言を揶揄するといった行為は、まだ見られるもの。

とはいえ東京は、もともとが田舎であり、様々な地方の出身者によって構成される街なので、まだ田舎の人に優しいように思うのです。しかし京都の場合は、鄙《ひな》に対するさらに厳しい視線がある気がしてならない。

それというのも古典文学を読むと、みやこ人達の鄙嫌いの精神は古来、脈々と続いているのでした。たとえば『枕草子《まくらのそうし》』において清少納言《せいしょうなごん》は、地方出身者の方言をさんざ馬鹿にしています。田舎から来る手紙に土産物が添えてないなんて意味なし、というようなことも書いている。

『徒然草《つれづれぐさ》』になると、田舎者に対する揶揄はさらにエスカレートします。兼好法師が『徒然草』を書いたのは、貴族社会の全盛期が終わり、東国の武士の力が台頭してきた時代。京の都においても武張った田舎者の存在感は目立つようになっていたのであり、都会人である兼好法師は、そんな人々にイラついていていました。

兼好法師は、田舎者の中でも特にアズマ人、すなわち東国の田舎者に厳しいのです。アズマ人が都の人と交際したりするのは見苦しいし、都の人がアズマの田舎まで行って出世したりするのも本当に見苦しい、とか。アズマ人が、仏教やら連歌やらといった都の様々な文化を知った顔をするのは如何なものか、とか。アズマ人なんぞは京都に入ってくるな、自分の地元でおとなしくしていろ、という意識が『徒然草』には溢れています。

当時の都の貴族達は、田舎者の人権を認めていませんでした。「都の外に住んでいる人など人に非ず」的な感覚を、『徒然草』からは見て取ることができるのです。

京都の人がそのような感覚を持ったのは、帝《みかど》すなわち天皇という中心を常に抱いていたからでしょう。帝という中心に近ければ近いほど、偉い。距離的にも身分的にも、帝から遠ざかるにつれて、人間扱いをされないようになるのです。

帝がいる地は「上」で、そこから離れると「下」、という感覚は、今も京都の住居表示に見ることができます。たとえば京都市役所の住所は、「京都市中京区《なかぎょうく》寺町通《てらまちどおり》御池《おいけ》上《あが》る上《かみ》本能寺前町《ほんのうじまえちょう》４８８」。初見だと、「これ、どこで切れるの？」という感じの上に、突然入る「る」って何？　とも思いますが、こちらは「寺町通と御池通が交差するところから、北に入ったところにある上本能寺前町」という意。

すなわち「上る」は北に行くことを意味し、「下る」は南に行くことを指すのですが、ではなぜそうなのかといえば、そもそも帝が都の北側にいたから。

唐《とう》の都を模して造られた、平安京。「天子南面す」との言葉に則《のっと》り、天皇の在所である大内裏《だいだいり》は都の北側に置かれました。最も尊い方が北にいたからこそ、今も北行は「上る」、南行は「下る」なのです。

ちなみに京都市の右京区・左京区もまた、北を背にして南に向かって座する帝から見た時の、右と左。京都という街にはそれだけ、帝の存在感が染みついています。

そう考えると、明治になって天皇が東京に行ってしまったことが、京都の人々にとっていかに衝撃的な事件であったかが、改めて理解できるのでした。「上る」と言えば北へ行くことなのに、天皇の在所が東京になったら、上り列車が東、すなわちアズマ人の巣窟《そうくつ》である東京へと向かってしまうのですから。

天皇がずっと京都にいたならば、その後に鉄道が敷設された時も、京都発の列車はすべて下り列車となったはずです。しかし鉄道が敷かれた時、天皇は既に東京にいました。京都から東京へ向けて上り列車が出るという屈辱を、京都の人は忘れていないのかもしれません。

地方の人は東京の人を非難しがちだと最初に書きましたが、非難する側には京都の人も入っています。と言うより、アンチ東京の急先鋒は京都の人なのであり、そこには「成り上がりのアズマ人のくせに」という感覚がたっぷり含まれている。

では、東京人を嫌う京都人のことを東京人も嫌っているのかというと、そうではありません。アズマ人は、兼好法師の時代からずっと、雅な京都の文化に憧れを持ち続けているのであり、尻尾を振って京都へ通い続けている。京都人の特殊技術である〝いけず〟をされたとて、何せアズマ人なのでそれに気づかないことも多く、楽しく帰ってくることができるのです。

京都と東京は、そんなわけで互いに憎み合っているわけではありません。片憎みと片想いの関係ということで、両者は、表面的には案外うまくいっているのでした。

中央に近いほど偉い、という京都における中華思想は、天皇がいたからこそ発達したものと思われます。では天皇がアズマの地に行ったことによって京都が〝中央〟の立場を失った後、その思想はどうなったのでしょうか。

天皇がいなくなった後でも、どっこい中華思想は生き続けていることを、私達はベストセラーとなった『京都ぎらい』（井上章一《いのうえしょういち》著）で読むことができます。井上氏は、京都の西郊である嵯峨《さが》の育ち。京都大学の学生時代に、ゼミで町屋の研究をしていた氏は、調査前の挨拶をするため、下京区にある杉本《すぎもと》家住宅を訪れました。

杉本家とは、洛中で三百年続く家柄。その住宅は、綾小路通新町に位置する古く大きな町屋であり、国の重要文化財に指定されています。

若き日の井上氏が訪れた当時は、フランス文学者であり、随筆家としても知られる杉本

秀太郎《ひでたろう》氏が、九代目の当主でした。井上氏が挨拶を済ませると、

「君、どこの子や」

と、杉本氏。

「嵯峨からきました」

と答えると、

「昔、あのあたりにいるお百姓さんが、うちへよう肥《こえ》をくみにきてくれたんや」

と、言われたのだそう。

肥とはつまり、肥溜めにたまる屎尿《しにょう》のことです。井上氏は杉本氏の発言に「揶揄的なふくみ」があることを、即座に察知します。嵯峨などは洛外であり、京都のうちには入らないのだよ。京都と言うことができるのは洛中だけ、ということを杉本氏は、お百姓さんのエピソードを出すことによって学生に伝えたのです。

「私は、はじめて出会った洛中でくらす名家の当主から、いけずを言われたのである」

と文章は続くのですが、このエピソードを読んで私は、兼好法師の精神は、時を超えて洛中人の心に生き続けていることを知りました。

兼好法師は、アズマ人が京都にやってきたり、身分の低い下衆が貴族と交わろうとしたりという、越境行為を憎んでいます。「下」にいる者が、居場所から離れて「上」に行こ

うとするのは、彼にとって非都会的で、許せない行為だったのです。同じように杉本氏は、洛外出身の学生が、洛中人である自身の家にしれっとやって来たことでつい、いけずを言ってしまったのではないか。

このように洛中のみやこ人は、言葉で自分の陣地を守ろうとします。田舎の人間がずかずかと都会に来ることを、みやこ人達はやんわりといけずで押し戻すのです。

しかしアズマなどという本当のド田舎の人達は、そんなことは気にせず、どんどん都へやって来るのでした。貴族との間にある垣根を武力でどうにかしようとするなど、越境行為は彼らの得意技。ちんまりと自分の場所に居続けるのでなく、積極的に外に出ていき勢力を広げるというその手法は、現代に通じるものと言えましょう。

武士の勢力は、だからこそ都の貴族の勢力を凌駕していったわけですが、同じ図式は近代以降も続いているのだと思います。千年の間、京都にお住まいだった天皇にお移りいただき、都をアズマに移すなどという行為は、究極の越境行為であり、分不相応もいいところ。しかし東京というのは、アズマ人だけでなく、薩長など様々な田舎者達によってつくられた都市なのであり、その雑多でたくましい力に、洛中というハウスの中で純粋培養された京都の貴族が、対抗できるはずもなかったのです。

我々アズマ人は、今日もなお、京都に対して盛んに越境行為を繰り返しています。観光でせっせと訪れるのはもちろんのこと、洛中のマンションなども、アズマ人が盛んに買っている。

「東京の人は、ホンマに京都が好きやねぇ」

「東京の人の方が、京都のことをよう知ってはるんと違う？」

などと、いけずとまでは行かないそこはかとない牽制を受けても、もちろんアズマ人は気づきません。言葉の裏に、「東京の人は東京にいればいいのでは？」「これ以上東京から来てくれんかて、ええんやで」といった真意がそこにはあるのを全く汲み取らず、

「京都って、本当に素敵ですよね〜、大好きです！」

などと無邪気に言い放つアズマ人と洛中人の話は、おそらく未来永劫、嚙み合うことはないのでしょう。

「かっこいい」、「ダサい」、「センスいい」

私が子供の頃、すなわち昭和時代の日本は、今よりもずっとダサかった記憶があります。鍋や電子ジャーやホーロー鍋にはアネモネ的な毒々しい色の花柄がもれなく描かれ、文房具やTシャツには、有名無名のブランドロゴや、特に意味の無い英文が記された。

おそらくその時代の日本人は、空間恐怖症気味だったのだと思います。戦後の物が無い時代の記憶を持っている当時の大人達は、何も描かれていない空間を見ると落ち着かなくて、空間という空間を、イラストやら文字やらで、せっせと埋めていたのではないか。

当時は、家電製品であれTシャツであれ、シンプルなデザインのものを買おうとしてもなかなか見つからなかったものです。たまにあるとそれはヨーロッパ製のものだったりして、尋常でなく高価だった。

そんな状況に革命を起こしたのが、無印良品です。無印良品が日本に登場したのは、一九八〇年代初頭。日本がますますゴテゴテしていこうとする中で、何ら「印」がついていないという無印の商品は、新鮮でした。ノーブランドというブランドは一世を風靡したのであり、その後は海外にも進出する人気店に成長したのです。

今となっては、昭和の花柄ホーロー鍋などが、若者から「レトロで可愛い」と言われるようになっています。若者達は、生まれた時からシンプルで安い物品が溢れる環境で育っているので、昭和的なデザインがかえって新鮮に見えるのだそう。昭和レトロデザインのホーロー鍋やら食器やらが、新たに作られ売られているというではありませんか。

このような事例を見ると、センスの良いも悪いも紙一重、という気がしてくるのでした。その昔、あれだけ「ダサい」と憎んだ花柄の鍋も、今の世に置いてみると、確かに可愛い。反対に、今の世で当たり前に見られる無地のTシャツにデニム、といった恰好で昭和の街に立ったなら、「貧乏くさい」「だらしない」などと思われるのかもしれません。

語源は諸説あるようですが、「ダサい」という言葉は一九七〇年代から若者言葉として登場し、八〇年代となると一気に人口に膾炙《かいしゃ》していきます。センスが悪い、垢抜けない……といった意味を持つこの言葉が広まった背景には、一九六〇年代の半ばに「かっこいい」という言葉が大流行したという事実があるのではないかと、私は思っています。

今でも当たり前に使用されている「かっこいい」は、「平凡パンチ」が創刊されるなどして、若者文化が一気に花開いた時代の流行語でした。「かっこ」とは「恰好」、すなわち姿かたちのことを意味します。見た目が良い、それも甘ったるくなくてちょっと辛口、そして色気が伴うようなタイプが「かっこいい」人。

「かっこいい」と評される対象は姿かたちだけでなく、行動や生き方にも及びました。性格の善し悪しや、出自や学業成績の高低といった従来の物差しでは測ることができない価値基準が、若者の間で誕生したのです。

勉強ができないワルでも、かっこよければ人気者に。その手の人は、勉強ができる常識人よりもずっと輝かしい青春時代を送ることができました。

かっこいい人が礼賛されるようになると、一方ではかっこよくない人も、目立つようになってきたことでしょう。かっこよくないことを示す言葉は「かっこ悪い」であるわけですが、人々はそのうち、さらに寸鉄人を刺す的な表現が欲しくなってきたのであり、その時に浮上したのが、「ダサい」という言葉だったのではないか、というのが私の推論。

高度経済成長期の日本においては、経済力の有無によって、様々な差が生まれていました。しかし、「かっこいい」「ダサい」という二極は、経済力の高低とは離れたところに成立します。

もちろん、豊かな経済力を有効に活用して、もともと持っているセンスをさらに磨き、物心両面でかっこいい人も存在します。しかし中には、経済力はあってもセンスは無い、という人もいる。否、センスが「無い」ならまだましで、センスが積極的に「悪い」という人もいるわけで、潤沢な資金を注ぎ込んで一風変わったファッションに身を包む人もいる。

センスの良し悪しは、割と人生の早いうちに決定づけられるようです。その後にどんなにセンスアップのために経済力を注ぎ込んでも、本質的な部分はあまり変化しないもの。

反対に、経済力はなくともセンスはある、という人もいます。安いものを上手に組み合わせ、ベーシックかつセンス良く着こなすというファッションを提唱したのが、一九七五年にアメリカで刊行された『チープ・シック』という本でした。「お金をかけないでシックに着こなす法」が解説されているこの本は、日本でも片岡義男《かたおかよしお》訳で刊行されて、話題になります。

安いものでもシックに着こなすことは可能だという認識が広まると、「お金が無いから、ダサくても仕方がない」とはならなくなっていきました。お金がなくとも、センスさえあればいくらでも素敵な恰好をすることはできる、と頑張る人もいる一方、お金をかけてもかけなくてもダサめなスタイルになる人もいたわけで、センスの格差というものはこの辺りから目立つようになってきたのではないか。

ただ、ある種のセンスの悪さというものは、日本独自の文化を生みだしているようにも思うのです。たとえば新宿・歌舞伎町の街並みは、統一感は全くなく、猥雑で、おしゃれ度ゼロ。ですが、その極めて高密度な猥雑さが、見ようによってはアーティスティック。中途半端に整った港区の風景よりもよほど、日本的な空気を醸し出していると言えましょう。

日本にはかつて、ツッパリ、竹の子族、ギャルなど、意識的に〝バッドセンス〟を肥大化させて誇示する若者達が存在しましたが、そんな若者達についても、同じことが言えるように思います。その手の若者達のスタイルも、おしゃれ度ゼロの奇矯なものでした。が、そこにはセンスが良いだの悪いだのといった瑣末《さまつ》なことはどうでもよくなる尋常でないパワーがみなぎっていた。その、「普通」とか「シック」といった意識からできるだけ遠く離れたところへ行こうとする若者の力に、大人達は瞠目したのです。

真っ当な大人達が眉をひそめるような若者のバッドセンスなスタイルからは、次第にそこはかとない魅力が感じられるようになるものです。長ランやら短ランやらドカンやらといった改造学生服を着たり、学生鞄を極薄に潰したり、リーゼントの庇《ひさし》を長く伸ばしたりという昭和のツッパリのスタイルは、非常にダサかった。けれど、ダサみをどんどん煮詰めつつ大人社会に反発するというその歌舞《かぶ》いた姿勢が「かっこいい」と見られて、一部女子には人気があったものです。

ギャルもまた、独自の進化を遂げました。ルーズソックスはどんどん長くなって一メートル超まで到達。極端に色黒になってみたり、ほとんど隈取のようなメイクに連獅子状のヘアスタイルというヤマンバギャルが誕生したりと、彼女達もまた、歌舞いていた。今も細々とギャル文化が継承されていることを思うと、その影響力の強さが偲ばれます。

歌舞いた若者達というのは、このように定期的に日本を賑わせていたのですが、ここのところその手の若者群を見る機会がありません。今時の若者は、枠からはみ出してしまうことを極端に嫌うのだといいます。私服の高校であっても、ほとんど全員が同じようななんちゃって制服スタイルをしている世において、竹の子族やヤマンバギャルのような素っ頓狂なスタイルをしようという若者が登場しないのも、当然なのでしょう。


また、安くてそこそこセンスも良いファストファッションの店が多い今は、人がダサくなりづらい世でもあります。鍋が花柄だった時代は、何であれ「安かろうダサかろう」だったのが、今は安いものを買っていれば、自然にダサくなくなっている。また、皆と同じような恰好をしていれば、極端にダサくなることもないのです。

コンプライアンスにうるさい今は、「ダサい」という言葉も、気軽に発することはできなくなりました。何についてであれ、他人を嗤うことはご法度である世において、「ダサい」という言葉もまた、地下に潜るのだと思う。

となると今は、ダサさという日本文化の存亡の危機なのかもしれません。日本人のセンスの底上げは、決して悪いことではないけれど、日本人の魂のとある部分はダサさと密接に結びついており、ダサさが消えてしまったなら、我々は何か大切なものを失ってしまうのではないか。

皆がダサくなくなってきたということは、しかし皆のセンスが良くなってきた、ということではありません。ダサい人が減ったからといって、センスの良い人が増えたわけではなく、センスの良い人の割合というのは、昔からさほど変わらない気がするのです。

センスを持っていなくても、おしゃれな服を着ることは可能です。ネットや雑誌などに載っているスタイルを丸ごと真似したり、スタイリストにコーディネートを依頼したりすれば、特別なセンスは持ち合わせていなくとも、おしゃれな服を手に入れることはできる。

しかしたとえ同じデザインの服を着ていたとしても、センスの良い人とそうでもない人の違いは、不思議とにじみ出てくるのでした。最も分かりやすいのは髪型やメイクの違いでしょうが、他にも服の袖や裾の処理、サイズ感等、あらゆる場所からセンスの有無は感じられるもの。

思い返してみると、センスの良い人は子供の頃からセンスが良かったものです。それはおそらく、親のセンスが良かったからなのであり、その手のセンスを一般人が大人になってから身につけようとするのは、かなり難しいことと思われる。

センスの良い人があまり増えないという現象の背景には、「センスがとても良いからといって、日常生活においてはあまり得することがない」という意識も関係しているように思います。

センスが良い人というのは、端から見ている分には素敵ですが、身近にいると緊張するものです。「ダサいって思われているのではないか」と我々一般人はヒヤヒヤするのであり、そんな人の前でヒートテックを袖口からはみ出させていたことに後から気づくと、舌を噛んで死にたくなるもの。

人を安心させるのは、ほどよいダサみです。特にダサいわけではなく、常識的な恰好をしているのだけれど、「あら素敵」と思わせるような部分も特に見当たらない、という人は、他人に緊張を強いません。

古いたとえで恐縮ですが、初期のモーニング娘。における安倍《あべ》なつみ、初期のAKB48における大島優子《おおしまゆうこ》といった人材は、ほどよいダサみを強みとして人気を得ることとなった好例です。アイドルは、皆が揃いの衣装を着ていますから、彼女達の私服のセンスはわかりません。しかし私服姿は知らなくとも、前髪の状態や立ち方等からも、その人のセンスはそこはかとなく漂ってくるもの。安倍さんも大島さんも、ハイブランドや前衛的なデザイナーの服ではなく、駅ビルで売っている服が似合いそうな（あくまで個人の印象です）純朴なイメージが、漂っていたものでした。

またお二人は、いつもアンニュイなムードを漂わせているとか、顔が極端に小さいといったところもなく、その辺りでも人を安心させるところが大。彼女達がおおいに人気を得ていたのも、そのせいでしょう。

旧ジャニーズの男性アイドルにしても、ジャニー喜多川氏は生涯、「ちょいダサ」の精神を大切にしていました。たとえばジャニーズのアイドルはしばしば、満艦飾《まんかんしょく》的な毒々しい衣装を身につけていたものです。一般人のセンスが底上げされてきた時代になってもその現象は続いたのであり、おそらく確信犯的なダサ衣装だったのだと思う。

ジャニー氏は、アイドル達に洗練された衣装を着せても、ジャニーズファンの女性達の魂には響かないことを知っていたに違いありません。センスが良くて都会的な衣装など、ファンは求めていない。それよりも竹の子族を彷彿とさせるようなバッドセンスな衣装を着せた方がアイドルファンの魂は震えるのであり、たまにコミックソングのような、ダサみたっぷりの歌がリリースされるのも、そのせいだったのではないか。

じわじわとセンスがアップしているかのように見える日本人。しかしこのように魂の奥底には、ダサさを希求する心が残っているように私は思うのです。

ジャニー氏という稀代《きたい》のバッドセンスの使い手が不在となった今、旧ジャニーズのアイドル達の衣装等は、次第にセンスの良いものになってきています。洗練されたダンスと楽曲で勝負する韓国アイドルの影響もあるのかもしれませんが、日本の伝統的ダサさは、これから誰が背負っていくことになるのか……？

と考えてみると、それはおたくの人々であるかもしれぬ、と私は思うのでした。アイドルやアニメのおたく達の中には、推しが描かれたウェアやグッズを全身にまとうなど、独自なファッションの人がいるものです。コスプレというのもまた、おたくの人々が開発した服飾文化。

センスがどうこうとか、他者の視線などは気にせず、自身の快感のため、着たいものを着るというおたくの人々の態度は、かつてのツッパリや竹の子族と共通しています。もちろん、その精神の部分においては、ツッパリとおたくは全く異なるものの、あえて世間のウケからは遠く離れた恰好をするという部分では、共通したものがあるのではないか。

おたく達のバッドセンスは、世界に受け入れられています。センスの良いものだけが求められているわけではなく、人はダサさをも欲しているというのはおそらく、日本だけの現象ではないのでしょう。「Ｃｏｏｌ　Ｊａｐａｎ」と日本は主張していますが、本当に世界でウケるのは「Ｂａｄｓｅｎｓｅ　Ｊａｐａｎ」なのではないかと、歌舞伎町に詰めかける外国人観光客を見る度に、思うのでした。

超高齢化時代のおばあさん格差

親の葬儀などを出してみると、人は人生の最後まで格差の中を生きるのだな、ということがしみじみわかるものです。人が死んだとなるとすぐに葬儀社の人達がわらわらとやってきて葬儀の準備となるわけですが、お棺、骨壺からお通夜後に供する寿司まで、ありとあらゆるものがそのレベルによってランクづけされている。火葬場においても、炎はどれも同じであろうに、質素なカマからゴージャスなカマまで色々あって、その使用料は様々。ましてや戒名《かいみょう》の長短においては、なぜそうなるのかが一般人には全く理解できない代金、じゃなくてお布施が設定されているのです。

この状態は、死を迎える前段階から始まっています。どのレベルの治療をするのか、病院では個室なのか大部屋なのか等、これまた「地獄の沙汰も……」と呟きたくなる状態に。

経済的な格差は寿命の格差に直結する、と思わざるを得ません。

がしかし、立派な葬儀を出したり、豪華なカマでお骨になったりすることが本人にとって幸せなのかというと、私にはよくわからないのでした。昨今の高齢者達を見ていると、お金をたくさん持っている人が必ず幸せそうなわけでもなく、また質素な暮らしをしている人が不幸なわけではない。高齢になってからの幸福感の高低には、お金以外の様々な要因が関係しているようなのです。

中高年のほとんどが抱いている「老後の不安」の大きな部分を占めているのは、確かにお金の問題です。○歳までに○○万円の貯金が必要、といった言説は、人々の不安感を煽るもの。もしその○○万円を貯めたとしても、予想を超えて長生きをしたら……と考えると、不安はさらに募ります。

一方で、お金と同等もしくはそれ以上に大切とされているのが、健康です。いくらお金があっても、健康でないと意味がないということで、年をとると「金持ち」と「健康持ち」の価値は、ほとんど変わらなくなってくるのです。

知り合いの女性は、九十代半ば。高級な高齢者施設で、生活しています。しかしたまに電話で話すと、彼女はあまり幸せそうではありません。

「施設に住んでる人とはあまり話は合わないし、食事にも飽きちゃったわ。もう、ただ生きてるだけよ。長く生き過ぎてしまった……」

と。

端から見ていると、彼女は「全てを持つ高齢者」なのです。まずは、誰もができるわけではない「長生き」をしている。年齢なりに脚が悪かったりはするけれど、認知症でも寝たきりでもない。

子、孫、ひ孫に恵まれ、それぞれが立派に成長してもいます。そして何よりも彼女の亡き夫は実業家だったのであり、夫の会社は息子が継いでいる。高齢者の多くが不安を感じている経済的な面で、全く不安を感じずに過ごすことができるのです。

全てを持っているのになぜ、幸福感が低いのかというと、いみじくも彼女が言ったように、「長く生き過ぎてしまった」という感覚が関係している気がしてなりません。九十代ともなれば、いわゆる「ヨタヘロ期」となり、自分がしたいことが思いのままにできるわけではない。施設では不自由のない生活をしているけれど、刺激は無い。

「長く生きるのも、考えものよ」

と、彼女は言うのです。

思い返せば昔は、「長生き」＝「幸福」でした。長生きができる人は、恵まれた人。お年寄りに対して人は、ほとんど挨拶のように、

「長生きしてくださいね」

と声をかけていたものです。

しかし今、

「長生きしてくださいね」

という言葉を、あまり聞かなくなりました。私達は、長生きが必ずしも幸福でも幸運でもないと感じているのであり、お年寄りに対して「さらなる長生きをせよ」と言うのは酷なのではないか、という気持ちを抱いているのです。


日本人の平均寿命は、戦前までの時代は、ざっくり言えば四十代をうろうろしていたようで、まさに「人生五十年」。乳幼児死亡率が高かった戦前は、七十代、八十代まで生きる人もいたけれど、長生きは選ばれし者だけが可能なことでした。老人と見れば、

「長生きしてくださいね」

と言うという昭和の習慣は、戦前から始まっていたのでしょう。

しかし戦争が終わると、医療が進歩し、健康への意識も高まり、日本人の平均寿命はどんどん延びていきます。今となっては、女性の平均寿命はほとんど九十歳に届きそうになり、「人生百年時代」とまで言われるように。

しかし人体は、何の問題もなく百年間の使用に耐えるわけではありません。様々な部位に不都合が出てきて使用に困難が生じたり、使用不能になったりすると、「健康寿命は終わったが、寿命は続く」という状態に。

健康寿命が終わりを迎えると、人は家族や介護業者等、他人の世話にならざるを得なくなりますが、それが高齢者にとっては重荷となるのでした。日本人は子供の頃から、

「他人に迷惑をかけてはいけません」

と、親からも先生からも言われて育っています。だというのに人生の最後になって、周囲に迷惑をかけるという大罪を犯してしまうなんて。……と思うと居てもたってもいられず、「長く生きるのも、考えもの」という感覚に陥るのではないか。

まだ「人生百年時代」などという言葉が無い時代から、日本人はポックリ死を乞い願っていました。病で寝付いた末に死ぬのはつらいし、何よりも周囲に迷惑をかけてしまう。突然死というのが、〝迷惑恐怖〟を逃れる唯一の方法ということで、高齢者達はポックリ寺などで祈願までしていたのです。

「ポックリ」というオノマトペは、ほとんど突然死の時にしか使用されませんが、そんな表現まで生み出すほどに、我々はポックリ死を希求しているのです。

今、中高年の間でこの〝迷惑恐怖〟は、ますます強まっています。寿命は延び、高齢者

はどんどん増加。対して子供は生まれず、若い世代は減少。そんな世では、長く生きること自体が迷惑になってしまうのですから。

現時点で五十代後半の私世代ももちろん、同世代で集まると、

「そんなに長生きしたくないよね」

と言い合うのでした。子供がいる人達はもちろん、

「子供達に迷惑をかけたくないから、長生きはしたくない」

と言います。定年が見えてきた会社員の友人は、

「年金生活になってから二十年も三十年も、どうやって生きていけばいいの」

と。

しかし「そんなに長生きはしたくない」といくら言おうと、今は否応なしに長生きしてしまう時代です。私も、「そんなに長生きしたくない」と言いながら、健康のために運動をしたり、サプリメントを飲んだり、毎年人間ドックに行ったりしているのでした。本当に長生きしたくないのなら、それらの習慣は全て止め、ファストフードにポテチにドーナツなどを毎日食べればいいのですが、しかし一方で私は、不健康にはなりたくない。「健康に生きたい。しかし、長生きはしたくない」という矛盾した考えを持っているために、ついモロヘイヤやキヌアを食べながら、

「そんなに長生きしたくないよねー」

と呟いてしまうのです。

私の母は六十九歳で他界しましたが、突然倒れた翌日に死亡するという、ほぼポックリ死でした。当時、母の友人達は、

「まだ七十にもなっていないのに、かわいそうに……」

と言っていましたが、五年も経つと、言うことが変わってきました。

「亡くなった時はまだ若いのに、って思ったけれど、あなたのお母さま、幸せだったと思うわ。老いるってことを本当には知らないうちにいなくなるなんて、最高よ」

などと。

さらに時が経った今、八十代半ばとなった母の友人達の口調には、さらに真剣味が加わっています。

「あなたのお母さまが、本っ当にうらやましい。子供に迷惑をかけずに逝けるなんて、なんて幸せ者なの！」

と。皆が「そんなに長生きしたくない」と言う今、六十九という享年は、「そんなに長生きではない」という意味において、うらやましがられるまでになってきたではありませんか。

とはいえ自分の享年は、自分で選ぶことはできません。人々は、いつ目的地に到達するのかわからないミステリーツアーに参加している感覚で老年期を過ごすわけですが、そんな中でも昨今、目立つようになってきたのは、「幸せか否か」というものさしではなく、「幸せそうに見えるか否か」を重要視する高齢者の姿です。

それは、各種メディアやSNSの影響なのでしょう。超高齢化時代となったことによって、日本でも高齢のスター達が注目されるようになってきました。草笛光子《くさぶえみつこ》さんや夏木《なつき》マリさんといった美老女は大人気ですし、石井哲代《いしいてつよ》さんという広島のおばあさんの生活に注目した『１０２歳、一人暮らし。哲代おばあちゃんの心も体もさびない生き方』という本は大ヒットしている。

ネットの世界でも、高齢のブロガーやユーチューバーが、お金をかけないおしゃれな暮らしぶりや、手作りの料理などを披露するように。ネット出身の高齢者が本を出す等、活躍の場も広がっています。

かつても高齢の女優さんはいましたが、北林谷栄《きたばやしたにえ》や原ひさ子といった、いわゆる老け役女優と言われる人達が主でした。しかし今の高齢女優は、単なる「おばあちゃん」として存在しているのではなく、それぞれの個性を発揮しています。夏木マリであれば何歳になっても前衛的な姿勢を崩しませんし、草笛光子はそのファッションが評判となって『草笛光子　90歳のクローゼット』といったファッションブックを出す等、女性として「素敵」と憧れられる高齢者が登場しているのです。

女優や作家といった有名人だけではありません。生き生きと活躍する九十代ばかりを集めたムックを読んだことがあるのですが、「九十四歳のフォトグラファー」「九十歳のインフルエンサー」「九十七歳のピザ職人」等々、生き生きと日々を過ごす九十代が目白押しではありませんか。

このように、六十代の高齢初心者から百歳代の石井哲代さんのような方まで、幸せに暮らす高齢者の生活を紹介する情報を、数多《あまた》見ることができる今。素敵に生きる高齢者達の姿は、同じ高齢者だけでなく、少し若い世代の人々をも励まし、

「私もこんな風に生きたい」

と思わせていることでしょう。

しかし一方では、そこはかとない不安も湧いてくるのでした。メディアで「こんなに元気で幸せに生きる私」「こんなにおしゃれな生活をしている私」をアピールする高齢者が増加することによって、一般の高齢者の気持ちはかき乱されるのではないか、と。

私がいま百歳だったなら、石井哲代さんの本を読んで励まされると同時に、「一人でこんなに立派に生活し、皆に愛されている百歳がいるのね。その上、この本が売れているということは、お金についても心配ないわけで……」と、我が身と比べて暗い気分になる気がしてならない。

同じように、「お金がなくても、楽しくおしゃれに暮らしてます」系の本を読めば、「この人は年金暮らしだというのに、こんなに充実している。それに比べて私は……」と思うに違いない。

すなわち、若い世代がSNSで充実した生活を送る他人を見て、「この人はこんななのに、私は……」と思うのと同じ現象が、今後は高齢者の世界にも飛び火していくのではないかと思うのです。ご近所さん以外は、他人がどう老いているかなど気にせずに済んでいた高齢者が、メディアやSNSのせいで日本のあちこちに住む特殊に元気だったり特殊におしゃれだったりする高齢者のことを知り、自分と比べるようになるのではないか。

瀬戸内寂聴《せとうちじゃくちょう》さんのような高齢者も、市井の高齢者にとっては仰ぎ見る対象ではありました。しかし出家者である寂聴さんは、この世から半歩足抜けしていたような、特別な存在だった。我が身と比べてどうこうという人ではなかったはずです。

しかし今は、一般の高齢者でありながら様々な能力を持つ人達が大量に発掘され、「このお年で、こんなに素晴らしい人がいます」と世に紹介されるのでした。その姿が市井の高齢者を刺激し、「私も、この人のように幸せになりたい」と思わせている。のみならず、「私も、この人のように幸せに見られたい」と思わせているのではないか。

私が高齢者になる頃には、SNS慣れした人達が高齢業界に大量参入することでしょう。

「私はこんなに健康」

「こんなにお金持ってます」

「こんなに家族から大切にされてる」

といったアピールから、

「皆さんはもう悠々自適の生活でしょうが、私はまだまだ社会から必要とされているので、こんなに忙しいのです」

といった、「仕事してます」アピールまで、生々しい高齢者ライフがそこでは披露されるに違いありません。

それらを見て私は、「元気そうでよかった」と思えるのか。それとも、「みんなはこんなに充実しているのに。私って何て駄目なバアさんなのだろう」と落ち込むのか。はたまた「私だって、幸せそうに見られたい！」と鼻息を荒くするのか。他人と比べないことが幸せへの一番の近道だということは若い頃から熟知していながら、いくつになってもつい昔と同じ愚を犯してしまうバアさんが、そこにはいそうなのでした。

姫になりたい女の子と、姫として生まれた女の子

小さな女の子達が、ハロウィンやディズニーランドへ行った時にしがちな、プリンセスの扮装《ふんそう》。昨今は、七五三や誕生日の時なども、女の子がプリンセス的な衣装をつけてフォトスタジオで写真を撮るといった慣習も見受けられます。

そんな姿を見ると、

「我々は、プリンセスに憧れ損ねた世代なのかもしれない」

と思うのでした。自分が子供の頃、「プリンセスの恰好がしたい」などという発想はまるでなかったなぁ、と。

ディズニー映画におけるプリンセスの肌の色が問題視されたり、また王子様と結婚したからといって必ず幸せになるわけではないことがわかってしまったりと、プリンセスを巡

る状況は、必ずしもキラキラしているばかりではありません。しかし我が国の親御さんの中には、「女の子はみんな、プリンセスに憧れるよね〜」とばかりに、娘にプリンセスの扮装をさせたがる人もいる。SNS映えする画像を撮るために着せたい、という気持ちもそこにはあるのでしょう。

SNSの中には、自分の子供を「うちの姫」「うちの王子」と呼ぶ親御さんもいます。我が子を「豚児」などと呼んでいた時代は遠くなりにけり、なのです。

東京ディズニーランドは一九八三年に開園していますから、小さい娘を持つ親御さんは、自身も子供の頃からディズニーランドに行っていたことでしょう。親子二代で、物心ついた時からディズニーのパレードで生のシンデレラや白雪姫を眺めていたならば、「プリンセスになってみたい」「プリンセスの恰好をさせたい」という気持ちにもなりましょうや。

自分の幼少期を振り返れば、ディズニーランドはまだ千葉の地に誕生しておらず、シンデレラや白雪姫は、物語の中の人。憧れる対象ではありませんでした。我々にとってプリンセスといったら、西洋の姫よりも、かぐや姫やらつる姫（『つる姫じゃ〜っ！』というギャグ漫画が昭和時代に人気だった）といった、和風の姫の方が親しみ深かったかも。

コスプレというレジャーも、日本には普及していませんでした。我が人生における姫経験といえば唯一、幼稚園のおゆうぎ会で、かぐや姫役に抜擢《ばってき》された時のみ。さちこちゃんとのダブルキャストだったものの、あの頃が人生の頂点だったものじゃ……。

もっと上の世代の女性達は、現上皇が美智子さまと結婚した時に、プリンセス的な存在に憧れたようです。美智子さまは、初の平民出身プリンセスとはいえ、名家のお嬢様。美人で知的で洋装がよく似合う美智子嬢が王子様に見初められるというストーリーは外国のおとぎ話のようで、その主役に似合う言葉は「姫」よりも「プリンセス」。娘に「美智子」という名をつける人が激増するなど、ミッチーブームが巻き起こるほど、人々は興奮したというではありませんか。

そう考えてみると私の世代は、美智子さまとディズニープリンセスの狭間の、プリンセス不在の時代に若き日を過ごしたのかもしれません。とはいえそんな我々世代からは、一人の実力派プリンセスが誕生しているのであり、それが秋篠宮妃の紀子さまです。

プリンセスとは縁遠い子供時代を過ごした私であるが故に、一九八九年に、自分と同い年の川嶋《かわしま》紀子さんが、二十三歳の若さで文仁《ふみひと》親王と婚約というニュースには、驚いたものです。紀子さまは、大学教職員用の共同住宅に住んでいたことから「3LDKのプリンセス」などと呼ばれ、美智子さまと比べると庶民的な印象でした。一九八一年に、イギリスのチャールズ皇太子と結婚して世界中で人気となったダイアナ妃の華やかさと比べても、彼女はおとなしい雰囲気を湛《たた》えていたのです。

自分と同い年の女性が皇室に嫁ぐという事態に、「そういう人生もあるのだなぁ！」と、口をあんぐりと開けて驚いた私。爾来《じらい》私は、紀子さまの人生を、遠くから傍観し続けてきました。

紀子さま世代の友人達とはしばしば、

「万が一、皇室の男性に見初められてたら大変だったよね。好きな時に温泉一人旅もできないし、カラオケで歌いまくることもできない。それに皇室の女性達って、お帽子を被っている時に絶対に頭がカユくなると思うんだけど、皇室の人が頭を掻いてるところ、見たことある？　国体の開会式の時とか、どんなにカユくても、じっと座ってるしかないのだと思うと、カユい時にカユいところを掻くことができる自由がありがたい！」

といった会話を愉しんだものでした。紀子さまが四十歳を目前にして男の子を出産された時は、

「ここに来ての出産、私だったら絶対に無理だわー」

などとも言い合ったもの。

紀子さまの生きざまを見ていると、太古の昔から連綿と続く天皇家の歴史が思い出されてなりません。紀子さまは、美智子さまやダイアナ妃のようにアイドル的人気を得たわけ

でなく、また雅子さまのように華やかなキャリアを持っていたわけでもありません。長男に先んじて次男が結婚したということもあってか、比較的静かに、天皇家に嫁いだのです。

つまり紀子さまは、その姿を目指して女の子達がコスプレしたくなるような、目立つ姫ではありませんでした。しかしこと皇室における存在感を考えるならば、「紀子」というその名は、黒々とした太字で書かれているような印象を受けるのです。


第二次世界大戦に負けて以降、日本には身分の差や男女の差がなくなり、誰もが皆平等ということになりました。しかし唯一、天皇を頂点とした皇族は、我々庶民にとっての上つ方として存在し続けることに。さらに天皇家においては、男女の差も冷凍保存され続けているのであり、女性が天皇になったり、女性皇族が宮家をつくることは不可能。また皇族の夫妻を見ると、常に男が「上」であり「前」であり「大」、女が「下」であり「後ろ」であり「小」、ということになっているのです。

皇室は現在、「かつて日本にはこのような『差』や『別』があった」という事実のショーケースとなっています。とはいえそのことに対して断固反対する人はさほど多くなく、差や別の存在が、伝統や厳かさ、聖性を感じさせる要因ともなっている。

天皇家は、神話の時代から連綿と続いている、とされています。天皇が日本という国の象徴であるならば、天皇家が続いていくことと、日本という国が続いていくことは、極めて近い関係にあるのでしょう。

そんな特殊な家において紀子さまは、国や周囲からの要請があったかどうかはわからないものの、三十九歳にして男児を出産しました。皇室が消滅する危機を、とりあえず数十年、先に延ばしたのです。

このことにより紀子さまの立場は、大きく変わりました。令和の世が終わったならば紀子さまは皇后となることが予想され、その次に悠仁さまが天皇となれば、天皇の母となるのですから。

いにしえの時代を見ると、天皇家に嫁いだ女性達は、帝の母になることができるか否かによって、その立場が大きく上下しています。平安時代には、何とか自分の娘に未来の帝を産ませようと、有力貴族達が天皇や東宮に自身の娘を差し出しました。娘が見事、天皇の母となったなら、天皇の外祖父として権力を発揮することができたのです。

もちろんその時代は、一夫多妻状態だったのであり、今とは事情がだいぶ違いました。しかしいずれにせよ、「続いていく」ことが大命題となっている家においては、世継ぎを産むことが、女の存在感を増す行為となるのは、間違いない。

紀子さまの男児出産というニュースを聞いた時、だからこそ私は「紀子」の名が太字になった印象を覚えたのでしょう。おとなしめの目立たないプリンセスという印象のあの女性が、出産によって確固たる存在感を皇室の中で得たのだ、と。

秋篠宮家には、二人の娘がいます。一般男性と結婚したことによって「眞子さん」と呼ばれるようになった、長女。そして次女の「佳子《かこ》さま」。

長女の結婚騒動の時、我々は、

「究極のお嬢様育ちだけに、男性には慣れていなかったのでしょうね……」

などと好き勝手なことをさんざ言い合ったものですが、親や世間がどれほど反対しようと結婚に向かって突き進んでいった彼女の意志の強さには、驚かされたものでした。

長女が結婚してアメリカに移住してから、週刊誌は、佳子さまと親との確執のようなものも伝えるようになります。それが本当かどうかはわかりませんが、しかし眞子さんの結婚騒動以降、私は姉妹が親、それも特に母親に対する反発心を、意外に強く抱いているのではないかと思うようになってきました。

紀子さまと眞子さん&佳子さまとでは、そもそもの立場が全く異なります。プリンセスには、シンデレラ型と白雪姫型の二種類が存在し、前者は皇室なり王室なりに嫁いでいくプリンセスで、秋篠宮家で言うならば紀子さま。後者は、皇室なり王室の娘として生まれたプリンセスで、秋篠宮家で言うならば、眞子さんや佳子さま。

シンデレラ型のプリンセスは、シンデレラのように王子様から見初められたり、何らかの苦労や努力を経て、プリンセスに「なった」人。白雪姫型は、自分の意思とは関係なしに、最初からプリンセスとしてその家に「生まれた」人。結婚によって入ってきた人、結婚によって出て行く人ということで、母と娘であっても、その立場は大きく異なるのです。

普通の家庭においても、結婚によって入ってきた母、出ていく娘という関係性は同じではあります。しかしこと皇室の場合、皇室のメンバーでいるか否かによって人生は全く異なるのであり、離婚しない限りはずっと皇室にいる母と、結婚したら皇族ではなくなる娘とでは、未来へのビジョンが全く違ってきましょう。

そんな家庭において秋篠宮家の姉妹は、皇族でいることに対して強い息苦しさを感じていたようです。大学は二人とも、学習院ではなくICUに進学。眞子さんは同級生と恋愛し、結婚を決意しました。そこには、相手のことが好きという気持ちの他に、とにかく皇室から出たい、という気持ちもあった気がします。そして結婚の折、佳子さまがそんな姉のことを応援しているように見えたのは、同じ立場として理解できるのは自分だけ、という意識があったからではないか。

そんな姉妹の目から、母の姿はどう見えたことでしょうか。母はおそらく、父と共に眞子さまの結婚に難色を示したことでしょう（個人の想像です）。「嫁」は外の人間であるが故に、しばしば婚家の色に、その家の人以上に染まりきるもの。皇室のような家では特に、その傾向は強いものと思われます。

だからこそシンデレラ型の〝嫁プリンセス〟である紀子さまは、眞子さんの結婚に対して、強く反対したのではあるまいか。好きな人と一緒にいたい、ここから出たい、という一心の眞子さまは、そんな母親に、「生まれた時からここにいる辛さをあなたはわかっていない」と思ったのか、思わなかったのか……。

ちなみに白雪姫は、継母（実母という説も）である〝嫁プリンセス〟からその美しさを嫉妬され、毒リンゴを食べさせられてしまいます。七人の小人が奮闘するも、白雪姫は死亡。しかしなんとか蘇生することができ、他国の王子様と結婚することになりましたとさ。……というお話なのであり、ここでも、〝嫁プリンセス〟と〝娘プリンセス〟の仲は険悪。娘プリンセスは、結婚によって実家から離れていくのです。

眞子さんの結婚騒動以来、秋篠宮家は、週刊誌の記事の恰好の供給源となっている印象を受けます。週刊誌の記者達は、秋篠宮家からスキャンダルの香りが常に漂っていることを感じ取っているのでしょう。

秋篠宮家の娘達が皇室から離れたいと思うのは、無理のないこと。どこの王室もそうかと思いますが、人間皆平等となった世において、王室や皇室は微妙な存在です。皇族方が被災地の慰問に回られたり、また結婚のような大きなイベントがあると、

「皇室素晴らしい！」

と、皆が礼賛。一方で、何かスキャンダルがあると、

「税金で暮らしているというのに、何なのだ」

といった意見が噴出するのですから。

皇族は反論の術《すべ》を持ちませんが、しかし内心では「そう言われましても」と思われている気がしてなりません。特に皇室に生まれたナチュラルボーン皇族の方々は、なりたいと思って皇族になったわけではない。そこに生まれたので宿命として皇族をしているわけで、普通の人になった方がどれほどラクか、と思うのではないか。

かつての、「上下差はあって当然」という世の中であれば、皇族はそのような感覚を持たずにいられたことでしょう。偉い人とそうではない人がいるのは、当たり前のこと。庶民の人達はよろしく仕えてくれたまえ、と鷹揚《おうよう》に構えていればよかった。「象徴」などというわかりづらい存在でもなかった時代には、かなりのびのびと生きた天皇も皇族もいたのです。

そうしてみると現在の皇族というのは、人間皆平等の世にはそもそも存在しないはずの

「無条件の偉さ」を引き受けなくてはならない人々、と言うことができましょう。それはある種の特権ではあるけれど、その代償として背負わなくてはならないものは、あまりに重い。

眞子さんは、結婚会見の時に小室圭《けい》さんの留学について、

「留学を前倒しして、海外に拠点を作ってほしいと私がお願いしました」

と語っていました。スキャンダルの渦から逃れたいというだけでなく、日本というシステムそのものから離れたいという気持ちがあったからこそ、彼女は海外へ行くことを強く望んだのではないか。

もうしばらくすると、今度は悠仁さまの結婚問題が浮上してきましょう。幼い頃からハロウィンなどでプリンセスの扮装をしてきた世代がお妃候補の対象ですから、お相手には不自由しなさそうな気もしつつ、一方ではそううまくはいかない予感も、漂うのでした。

プリンセスの扮装を楽しんできた女の子達は、偉くなりたいわけではありません。女の子達は、庶民であっても好きなプリンセスの恰好ができる自由を享受したいのであり、何よりも自由を与えてくれる伴侶を望むに違いないのです。

皇室を仰ぎ見ることは、どこか快感を伴う行為ではあります。しかし時代がさらなる平等化に向かっている今、皇室内に冷凍保存されている様々な「差」や「別」は、世間の感

覚とかなり乖離しつつあります。皇室を存続させるのであれば、そろそろそのズレをどうにかする時が来ているように思えてなりません。

デジタル下層民として生きる

近所にあるパソコン教室の看板には、

「同じことを何度聞いても大丈夫！」

と、大きく書いてあります。


パソコンを学ぼうとしている人、特に高齢者は、おそらく同じ質問を何度もしがち。スマホの使い方などを子や孫に聞くと、

「おじいちゃんったら、この前も同じこと言ったよね！」

などとイライラされるのであり、デジタルがらみのことを他人に質問することに対する恐怖がしみついているのでしょう。パソコン教室はその辺りの高齢者心理を把握しているので、

「同じことを何度聞いても大丈夫！」

という宣伝文句を考えたのではないか。

子や孫の気持ちも、わからなくはありません。近所の高齢のご婦人から、たまにスマホの使い方について質問されるのですが、確かに教える側には、忍耐強さが必要。「アプリ」といった基本的な用語、というか概念がわからなかったり、タップという行為ができなかったりする相手に教えるのは非常に根気がいるのであり、「きっと子や孫にはあまりしょっちゅう質問できないから、他人の私に聞くのだな」と思われたのです。

八十代であれ九十代であれ、スマホを持っているのが当たり前の今。とはいえＬＩＮＥのやりとりあたりまではできるようになっても、インターネットでの買い物や様々な予約等には、手を出せずにいる高齢者が多いようです。

現在では様々な手続きがネット上で行われるようになり、またペーパーレス化も進んで、なにかにつけ「詳しくはネットで」ということになっています。ネットが使用できない高齢者は、離れ小島に住んでいるような状態になり、多くの情報から切り離されているのです。

銀行の振込み一つとっても、ネットバンキングなら無料でできるのに、窓口で振り込むと数百円の手数料がかかる。ホテル等の予約についても、ネットでした方が、その他の手段経由よりも安い価格設定になっています。非ネット民すなわち高齢者は疎外されるだけでなく、損をする仕組みになっているのです。

高齢者であっても新規開拓傾向が強い性質の場合は、何歳であってもネットの世界に果敢に飛び込み、SNSの発信までしていたりするもの。対してそうでない人の場合は、

「便利なのだろうけど、怖い」

「勉強する気にもならないし、今までと同じ生活を続ければいいだけだから、もういいよ」

ということで、アナログ世界にとどまり続けるのでした。

それはそれで一つの選択であるにもかかわらず、ネットに及び腰の高齢者は様々な利便性の外に置かれ、情報弱者となってしまいます。デジタル格差は、年齢格差、そして性質格差につながっているのです。

本当であれば、高齢者こそネットショッピングを利用して、重いものや大きなものを家まで届けてもらえば助かることでしょう。ネットとつながっていない高齢者には、たとえば福祉を学ぶ学生が実習の一環として使い方を教えてあげるとか、公的支援を受けられるようにするといった手段があってもいいのでは、と思うのです。

実際、中高年の顧客が多いドコモショップの窓口の人は、今やほとんどスマホについて悩む高齢者の話を傾聴するプロのようになっているもの。人生の終盤になって、いつの間

にか訳のわからないシステムに世の中が支配されるようになって戸惑う高齢者を救済する仕組みが必要なのではないかと、ドコモショップに行く度に思うのでした。

下手に高齢者がネットとつながったら、ますます詐欺が増える、という話もあるかもしれません。であれば、子供がスマホを使用する時のように、何らかの制限をかけるといった対策も考えられましょう。

では、かく言う私がデジタル格差社会においてどの辺りにいるのかといえば、高齢者の少し上、程度なのでした。一応、パソコンを使用して仕事をしてはいる。買い物や各種予約など、最低限のこともできる。

しかし私は、いまだに各種チケット類がスマホ上にしかないとちょっと不安になって、こっそりQRコードをプリントアウトしておいたりするタイプ。心の柔らかい時代をアナログの世で過ごしたため、デジタル世界に身を任せ切ることができない、デジタル下層民なのです。

そんな私が昨今驚いたのは、先日、コロナ以来の海外旅行をした時のことでした。久しぶりすぎる海外だったので、「海外って、どうやって行くんだっけ?」という感じになっていた私は、まずは旅立ちの前から、航空券の購入に座席指定、事前チェックイン等が、当たり前ながら全てネット上で完結することにドキドキ。

旅先で観ようと思っていたミュージカル等のチケットは、事前にネットで予約し、スマホのウォレットに保存。「ネットを使いこなしてるっぽい！」と、自分で自分に興奮します。それまで使用していなかったＧｏｏｇｌｅ翻訳もインストールし、今更ながらその機能に驚いたのです。

さらに驚いたのは、空港においてでした。羽田では、パスポートを機械にかざすだけで、スタンプも押されずにすーっと出国。行き先はロンドンだったのですが、ヒースローにおいても、パスポートをかざすだけで、スムーズに入国。入国審査官に、

「サイトシーイング！」

「ナインデイズ！」

などと緊張しながら叫び、スタンプを押してもらってホッとする、といった一連の入国の儀が無くなっていたではありませんか。

もちろん、信頼性の高い日本のパスポートであるからこその「かざすだけ」ではあるのでしょう。が、私は「いつの間にかこんなことに」と、旅という行為のデジタル化を実感したのです。

イギリスにおいては、キャッシュレス化が進んでいました。支払いは何でも、カード。タッチ決済可能のカードであれば、電車にもバスにもピッと乗ることができて、「日本で

も早くこれを普及させてほしい！」と、切に思う。

なんでもイギリスでは、新型コロナ感染症が流行した時、「現金は不潔」ということで、一気にキャッシュレス化が進んだのだそう。そう考えると我々、あれだけマスクなどには気をつかいながら、現金については無頓着だったかも。日本はキャッシュレス化が遅れているという話は聞いていたものの、それは本当だったということを目の当たりにし、自分の長財布が急激にダサく見えてきました。

帰国後は、「やっぱり日本を外から見ることって、必要〜」などと思いつつ、急に現金を使わなくなる等、外国かぶれぶりを発揮した私。そんな中でつらつらと考えたのは、「デジタル化とは、どんな意味を持つのだろうか」ということです。

デジタル下層民の脳裏に浮かんだのは、「それは時間短縮のための技術」という考えでした。鉄道の切符を現金で買って、改札口で鋏《はさみ》を入れてもらう。……という手間が、カードやスマホをかざすだけで「ピッ」と通過となれば、客の時間も、また駅側の手間も省くことができる。

また「文章を書く」という行為に関していえば、かつて我々は、紙にペンなり鉛筆なり、はたまた筆なりで文字を書いていたわけです。タイプライターというものもあったけれど、和文タイプは一般に普及することはなかった。

そこに登場したワードプロセッサという機器が一般に普及したのは、昭和の終わり頃のことでした。私が初めて本を書くことになったのは、昭和最末期の大学三年時だったのですが、そこで私は「よーし、ひとつワープロを使って本を書いて、ワープロ修得と原稿執筆を同時進行させようではないか」と決意。初期のワープロを入手して、パチパチと原稿を打ったのが、私のデジタル化事始めでした。

それ以前は、原稿用紙にシャープペンで原稿を書いていた私。完成した原稿は編集者に手渡すという、完全アナログ状態で仕事をしていたのであり、それはほとんど、江戸時代の人と変わらぬやり方でした。

それが時代の変化と共に、次第にデジタル化が進んでいきます。原稿を書く手段、編集者に送る手段ともに変化し、手書き原稿を手渡し→手書き原稿をファックスで送る→ワープロ原稿をファックスで送る→ワープロ原稿をメールで送る（パソコンを所持しながらなぜかワープロで原稿を書いていた時代）→パソコンで書いた原稿をメールで送る、という今のような状態へ。

手書き原稿を手渡ししていた時代と今とを比べると、様々な時間が圧縮されるようになりました。原稿をシャープペンで書いていた時代は、「憂鬱」という字も、自分で書いていた。なんか違う、と思ったら消しゴムで消して書き直すという作業を繰り返したあの頃と、パソコンでパチパチと打ったり消したりする今とでは、執筆のスピード感が異なります。パソコンを使用すれば、憂鬱だって顰蹙《ひんしゅく》だって一発変換。この文章はやっぱりもう少し前に入れておこう、などという作業も、簡単に行うことができる。

編集者に原稿を渡すにしても、どこかで会って、目の前で原稿を読まれるという地獄のような時間が終わったら、お茶を飲んだりしつつ原稿の感想やら近況やらについておしゃべりしたのであり、今のようにメールに添付して送るのと比べると、圧倒的に時間がかかっていたのです。

が、しかし。ここまで読んでデジタル世代のあなたは、「アナログ時代って、なんか楽しそう」と思ったのではないでしょうか。書くという作業は、確かにパソコンを使用した方が楽と言えば楽。しかし、いちいち編集者と会って原稿用紙というブツを渡し、目の前で読まれて身悶《みもだ》えたり感想をやりとりしたりという時間は、濃厚だったもの。学生だった私は、その後にごはんを食べさせてもらうのも楽しみでしたっけ。誰かと会って話すことによって、様々な刺激や摩擦が生じるその時間が、楽しかったのです。

今の若者が、レコードやフィルムカメラといったアナログ用品にあえて手を出したり、ライブやフェスに行くのが大好きだったりするのも、アナログの良さを感じるからなのでしょう。デジタル技術を使用することによって人は時間を節約し、本当に必要な情報の周囲に付随している夾雑物《きょうざつぶつ》を取り払うことができるけれど、全ての時間を短縮して無駄をなくすことによって、どこか虚しさを覚えるのではないか。

野菜を育てたり、料理を作ったり、キャンプをしたり。そんなアナログ作業が流行っているのも、デジタル化の進行に伴う揺り戻しのようなものでしょう。デジタル化によって生み出された時間で、人はアナログプレイを愉しんでいる気がしてならない。

デジタル技術が無駄を省くのであれば、人は同じ時間で、かつての何倍もの仕事をすることができるはずです。同じ量の仕事をするのであれば、社員の数を少なくしても、会社は回るはず。

しかし現状を見ていると、何となくそうは思えないのでした。卑近な例で恐縮ですが、私の場合も、パソコンを使用するようになって仕事の質や量がアップしたかというと、そうではありません。パソコンで文章を書くというのは、巨大モールの中に机を置いて書いているようなものであり、仕事の手を止めてはついネットショッピングに走ったり、ぼーっと動画を見たりしてしまう。デジタル化で浮いた時間を、デジタル浪費しているのです。YouTubeで咀嚼音動画《ASMR》など眺めつつ、本当に人は、無駄を求める生き物なのだなぁ、と思わざるを得ない。

デジタル化の勢いは、今後止まることはないのでしょう。アナログ行為は、趣味や贅沢として愉しむものとなり、実務の世界のデジタル色は、ますます強くなっていくに違いない。

今、デジタル世界の外に置かれている高齢者は、そう遠くない未来にこの世からお引越しをすることになります。そして今の為政者や企業の人達は、全てのお引越しが完了することを、すなわち全ての国民がネット民となることを、静かに待っているのだと思う。

もちろんその後も、高齢者がデジタル下層民になりがちということは、変わりません。時事刻々と新しい技術が登場するデジタルの世界ですから、加齢によりキャッチアップ能力が低くなれば、自然と弱者の側に流れていくことになる。今の高齢者のお引越しが完了したら、そろそろ私の世代がデジタル最下層民となり、為政者達から「この人達が早く引越しをしてくれれば……」と思われるのです。

二〇二〇年からは小学校で、二〇二一年からは中学校で、そして二〇二二年からは高校で、プログラミングの授業が必修化されてもいます。我々のように、大人になってからデジタルの世界と接した世代は、

「生まれた時からスマホをいじっていた世代は違うよね」

と、デジタルネイティブ世代との格差を実感しつつ生きていますが、デジタルネイティブ世代は、プログラミングネイティブ世代との格差を感じつつ生きるのかもしれません。

そう考えるとデジタル格差というものは、この先も延々と続いていくようにも思われるのでした。チャットGPTが登場した時も世は大騒ぎとなりましたが、我々とデジタルネイティブ世代の感覚が異なるように、生まれた時から生成AIに接している人とそうでない人は、考え方や働き方が異なるに違いない。生成AIと共に成長した人の考え方を知ったなら、そうでない人は己れの古さを感じることでしょう。

遅ればせながらチャットGPTと接し、

「三島由紀夫《みしまゆきお》風の随筆を書いて」

と入れてみたら、それ風の文章がずらずらと出てきて、「ほえー」と思った私。自分が文章を書く意味などあるのか、とは思うものの、しかしデジタルに対する我々の唯一の強みは、「いざとなったらアンプラグドでも大丈夫」というところ。何らかの事態が発生して電源が使えなくなったなら、紙にシャープペンで原稿を書くという伝統芸をやってのけ、密かに溜飲《りゅういん》を下げてみたいものだと思っています。

男性アイドルは無常の風の中に

祇園精舎《ぎおんしょうじゃ》の鐘の声、諸行無常の響あり。
沙羅双樹《しゃらそうじゅ》の花の色、盛者必衰《じょうしゃひっすい》のことわりをあらはす。

べべ〜ン……、と琵琶《びわ》の音が聞こえてきそうな感慨を、二〇二三年のジャニーズ性加害問題に際して、私は覚えておりました。

まさに、「驕《おご》れる人も久しからず」。男性アイドル界の一強、ジャニーズ事務所がその名を消し、やがて消滅することになろうとは、少し前まで誰が想像したことでしょうか。人生の中でジャニーズアイドルに夢中になった経験の無い私ですら、無常の風に吹かれた気分になったものです。

この問題の遠因として存在するのは、昭和と令和の人権意識の違いというものかと思われます。昔は何となく見逃されていた人権侵害行為が、今の世ではそうならなくなった結果として、ジャニー氏の行動は糾弾されることとなった。

昭和時代にも、ジャニー喜多川氏の少年に対する性行為の噂は囁かれていました。しかし多くの人が、それが犯罪だという認識は持たずに、噂を聞いていたのではないか。ジャニー氏の〝行為〟は、芸能界という特殊な世界で生きていくための通過儀礼、もしくはイニシエーション的な捉えられ方をしていたのです。

特に、昭和六三年（一九八八）に、元フォーリーブスの北公《きたこう》次《じ》氏が『光ＧＥＮＪＩへ』という本を出すと、その噂は一般の人も知るところとなりました。北氏は本の中で、少年時代にジャニー氏から受けた生々しい性被害を告発。当時のトップアイドルだった、光ＧＥＮＪＩというグループに呼びかける形のタイトルは、

「少年愛にとりつかれた男が経営するジャニーズ事務所にいるアイドルたちよ、おれの二の舞にだけはなってくれるな」

という思いから来たものだったのです。

当時、その本は世間でおおいに話題となりました。友人にジャニーズアイドル好きが多い私も本を貸してもらい、

「へーえ、やはり芸能界というのはすごい世界なのだなぁ」

と思ったものです。

とはいえ、その本がきっかけとなって警察が動いたり、報道番組がニュースとして取り上げたわけではありません。それは、芸能界という特殊なムラにおける特殊な出来事。そのムラは、世間の常識や法律や倫理観や人権意識が通用しない世界なのだとの感覚は、『光GENJIへ』以降、強まっていったのではないか。結果、ジャニーズ村での性犯罪は、その後も延々と放置され続けたわけで、「おれみたいになるな」との北氏の叫びが届くことはなかったのです。

そして令和五年、BBCという黒船が襲来。

これが昭和の時代であれば、BBCが何を報道しても、「まぁそう言われるとそうなんだけどねぇ。でも性犯罪とかそういうことじゃなくって……」などと、うやむやにされたかもしれません。令和においても、当初はうやむや方面への流れを作ろうという動きが見えたものの、さすがに日本でも人権意識は一定の高まりを見せていたのであり、ある時から潮目が変化。とうとう、ジャニーズという名前の消滅に至ったのです。

ではなぜ、令和になるまで、ジャニー氏の少年に対する性加害は、多くの日本人に認知されながら、放置されていたのか。……と考えてみると、まずは芸能界というムラがあまりに特殊視されていたからという事情がありましょう。

なぜこの問題が今までほとんど報道されなかったのか、マスコミも同罪ではないか、という話が出てくると、テレビ各局では関係者に聞き取り調査をして、メディアの責任を考える番組を制作しました。それらの番組を見ると、ＮＨＫでも民放でも、

「芸能界という特異な世界での話だと思っていた」

「芸能ゴシップだと軽く捉えていた」

といった証言が頻出していました。報道関係者とはいえ、芸能界と密接な関係を持つテレビ局の人ですら、芸能界は特殊な世界だと思っていたのです。そのような世界に身を置いている人に多少のことがあっても仕方がない、との感覚がそこにはなかったか。

テレビ局の人は、芸能界を特殊視しながらも芸能人と親しく付き合うわけですが、一般人は芸能界を仰ぎ見ながら貶《おとし》める、という独特な見方をします。アイドルに対して、まさにスターとして憧れの視線を送る一方で、アイドルは一種の商品であるということで呼び捨てにし、何かスキャンダルがあればとことん叩く。マスコミの人も一般の人も、アイドルが自分達と同じ人間であるということを忘れ気味なのです。

性加害が放置された理由としてはもう一つ、ジャニーズアイドルが〝男〟だったから、ということもある気がします。性被害に遭うのは女性、という感覚の裏に隠れてしまったというだけでなく、「男のアイドル」という立場の人が、一般社会、それも男性社会にお

いてはどこか軽く見られがちであり、だからこそ表面化しなかったという部分があるのではないか。

「アイドル」と言った時に思い浮かぶのは、どちらかというと女性の姿です。これが「社長」であれば男性が想像されて、女の社長に限って「女性社長」と言われるわけですが、アイドルの場合は、女のアイドルが「アイドル」で、男のアイドルは「男性アイドル」と言われがち。

若さや美貌、愛嬌や芸によって異性を楽しませるのは女性のお仕事、という感覚が伝統的に存在するからこそ、「アイドル」もまた女性のイメージが強い言葉となったのでしょう。バーなどのホステス、芸者なども同様に「女性の職業」というイメージが強いのは、享楽のために金を支払う余裕を持つのは男、という世が長く続いたからなのだと思う。

他人の享楽のために身を尽くす男性も、いないわけではありません。酒席で芸を披露して盛り上げる幇間《ほうかん》という男性が落語等には登場しますし、歌舞伎町を歩けば、至る所にホストクラブの看板が見られるのです。

特に今は、女性と男性の生き方が、さほど変わらない時代となりました。受験を勝ち抜き、より良い職業を得て、結婚や出産をしたりしなかったりする中で女性も多くのストレスを抱えるようになり、そんな女性達が、

「素敵な男性アイドルを愛《め》で、キャーキャー言ってうさを晴らしたい」
と思うのも無理はない。男性アイドル産業は、日本女性の経済力の増大と共に大きくなってきたのではないか。

しかし男女の差が少なくなってきたとはいっても、まだまだ男女の見られ方は異なるものです。女性の職業として認識されている「芸者」は、酸いも甘いも知ったプロのサービス業者というイメージが持たれるのに対して、「男芸者」という言葉に、良いイメージは漂いません。幇間の別名である「太鼓持ち」という言葉にも、

「よっ旦那、さすがでげすなぁ」

などとお追従《ついしょう》ばかり言っているような印象が。ホストにしても、娘が恋人として連れてきた時に、親御さんが両手《もろて》をあげて賛成するとは言い難い印象がつきまといます。

もちろんそこには、偏見が含まれているのです。職業に貴賤はなく、男性が他人を楽しませる側にいても何ら悪くありませんが、「男たるもの、女でもできるようなことをするべきではない。志を持って大きな仕事を成し遂げてこそ、男」といった感覚が、特に昭和以前の時代は強かった。

だからこそ男性アイドルを見る視線にも、そのような眼差しが含まれていたように思う

のです。すなわち、歌ったり踊ったりすることによって女性からキャーキャー言われる彼等は、「イケメンはいいよな」などと言われながらも、男性ヒエラルキーの中では番外地のような立ち位置。性加害の話も「特異な世界だから、仕方ないのかもね」程度で放置されたのではないか。

私もその昔、男性アイドルに対する自分の中の偏見に気づいた瞬間があったものです。それは私が二十代の頃。幹線道路の交差点にあるビルに掲げられた大きな広告ボードには、ジャニーズのアイドルがお菓子を持ち、満面の、そして無防備な笑みを浮かべている写真が掲げられていました。

信号待ちをしながらその広告を見上げて私がふと思ったのは、

「男の子がこういうことをずっとし続けていて、大丈夫なのだろうか」

ということ。この時の「大丈夫」には、「大人になったらどうするのだろう」とか「商品を持って笑顔で写真に写るといった行為を続けているうちに、精神がすり減ってしまわないだろうか」という意味合いが含まれていたのだと思います。

当時は、光ＧＥＮＪＩの人気に陰りが見られてきた頃。昨今は、ジャニーズのアイドルでも演技や話術に長けているなど様々な個性を持つ人が増えてきましたが、光ＧＥＮＪＩはひたすら元気で明るい印象のグループでした。絶頂期の人気が凄まじかったからこそ、

「彼等の行く末や いかに」と私は思っていたのであり、同じように広告写真のアイドルに対しても「大丈夫なのだろうか」と思ったのではないか。

　アイドルからしたら、余計なお世話以外の何物でもない、この老婆心。しかし私は、「女のアイドルは、結婚したり子供を産んだりして、なんとなくアイドルからフェイドアウトしても別の生き方を見つけられそうだけれど、男のアイドルは……」という、男性アイドルについても女性アイドルについても、偏った見方をしていました。

　昨今でこそ、役者の道に進むのか、司会者方面か、はたまたキャスターか……といった、アイドル後のセカンドキャリアを見据えてアイドルをしていると思われる人も多いのです。対して昭和から平成前期のジャニーズアイドルは、将来を考えずにただ明るく楽しくアイドルをしているように見えたからこそ、私の中に老婆心という名の、下に見る心が生まれてきたのかも。

　ジャニーズ事務所は、基本的に若い男性の未熟さを商品化することに長けていました。今はその限りではありませんが、身長が低めで、筋肉量の多くない細身の男性が子供っぽい衣装でしゃかりきに舞い踊るのが、ジャニーズアイドルのイメージ。成熟した男性の色気がなるべく漂わないように、プロデュースされていたのだと思います。

　芸の部分においても、歌や踊りが傑出して上手な人は、多くありませんでした。傑出した芸を持つ人をアーティストと呼ぶのであれば、ジャニーズ事務所は、アーティスト志向ではなかったのでしょう。

そんな世界に対抗軸を打ち出したのは、ＥＸＩＬＥを源とし、オラオラした雰囲気を醸し出すＬＤＨ系の男性達です。発達した筋肉やヒゲ、日焼け等、成熟した男性の色気を前面に押し出した彼等は、ジャニーズという幼形成熟アイドルの強大な勢力が一方に存在したからこそ、目立つことができたのではないか。

韓国の男性アイドル達が人気になってきた時も、ジャニーズアイドル達との違いを私は感じたものです。これは男性アイドルに限ったことではありませんが、韓国のアイドル達は「かわいい」よりも「恰好いい」のであり、歌や踊りがちゃんと上手いではありませんか。そんな彼等は、やがて世界的な人気者となっていき、彼我の違いを日本人は痛感することとなりました。

ジャニーズ事務所は日本国内の需要だけで十分潤うことができるが故に、徹底的に日本人好みの、未熟さを残したアイドルを次々とデビューさせていった。対して韓国は、人口がさほど多くないが故に世界の市場を狙い、そのためにはアイドルも世界標準の芸を身につける必要があったのでしょう。

幼さ、未熟さとともにあるジャニーズアイドルは、女性ファンの「育ててあげたい」「羽ばたかせてあげたい」という、母性に似た感覚を刺激します。ファン達は、好きなアイドルのために、CDやグッズやライブチケット、そして彼等が広告に出ている商品までをも律儀に購入。彼等が出演する番組もちゃんと視聴するということで、そこには巨大な市場が形成されるのです。

そんな中で彼等にとって難しいのは、「いつ大人になるのか」という問題でしょう。日本においては、女性アイドルもまた成熟した色気よりも幼さ、純粋さのようなものが好まれる傾向がありますが、女性の場合は、「女は若くてなんぼ」という世の視線があるために、二十代前半にもなるとグループから「卒業」したり結婚したりと、アイドルという枠から自分で飛び立っていくもの。しかしジャニーズアイドルは男であることから、アイドル定年のようなものに延々と引っかからずに、年をとっていくのです。

ジャニーズに疎い私は、若手だと思って見ていたグループのメンバー達が実は三十代半ば、という話を聞いて驚いたこともあったもの。特例を除けば結婚もなかなかせず、成熟感からなるべく距離を置き続けるため、三十代になっても四十代になっても、彼等はアイドルを張っていくことができます。SMAPやTOKIOや嵐にしても、もし会社員であったら部課長レベルの年齢までアイドルであり続けることができたのは、そのせいでしょう。

しかし、何事にも終わりはやってきます。どれほど成熟していないフリを続けても、男性アイドルもまた、成熟していく。メンバー達の中では次第に自我や意志が育っていき、永遠に続くかと思われたアイドルグループからメンバーが脱退したり、解散したりしていくのを見る時も、私の中には、

「祇園精舎の鐘の声……」

という『平家物語』の冒頭部が、琵琶の音と共に聞こえてくるような気がするのでした。

ジャニー喜多川氏が築いた帝国が崩壊した後、日本の男性アイドルの世界は、変わっていくことでしょう。芸能界の特殊さも少しずつ薄れ、世間と同様の常識や法律や倫理観や人権意識が通用する世になっていくに違いありません。

日本という市場の中で、良くも悪くも特別扱いが続いてガラパゴス化している旧ジャニーズアイドル達は、これからどのように自分の足で飛び立っていくことになるのでしょうか。成熟する自由を手に入れた彼等の今後が、ファンならずとも楽しみなのでした。

世代で異なる、斜陽日本の眺め方

実は私、大阪万博へ行ったことがあるのです。それは一九七〇年のこと。ＥＸＰＯ'70と言われた大阪万博（正式名称は日本万国博覧会）は日本中で話題沸騰となり、誰もが行きたがっていたのだそう。

二十代だった我が母も、

「行ってみたいわ！」

と、持ち前のミーハー気質を発揮したようです。仕事がある父と就学児の兄は家で留守番をする中、三歳だった私を連れて母は勇躍、大阪へ旅立ったとのこと。

その時の記憶は、私の中には全く残っていません。しかしまだ頑是《がんぜ》ない幼児を一人で連れてでも見に行きたい、と東京の若い母親に思わせたほど、大阪万博は盛り上がっていいた模様です。

後年母は、

「人だらけで、何も見えなかった。疲れに行ったようなものだった」

と語っていましたが、一つのイベントがそれほどの人気を集めるということが、当時の日本の熱量を物語っていましょう。万博は、「この国は、もっともっと豊かになる」と信じることができた日本人に、夢や未来を提示したのです。

それから、五十余年。二〇二五年に開催される大阪・関西万博については、辛気臭いニュースばかりが聞こえてきます。パビリオンを出展予定だった国が撤退を表明したりとか、会場整備費が当初見積もりの倍近くに膨れ上がってしまった等、先行きが薄暗くなってきました。

それでも何とか帳尻を合わせて、万博は開催されるのだとは思います。しかしさらに危惧されるのは、万博に対する国民の冷ややかさです。趣味も興味も人それぞれとなり、国民皆が一つのものに熱狂する時代ではなくなった今、万博に対するワクワク感は少ない。いざ開催となっても、ＥＸＰＯ’70の時のような熱気は生まれないことでしょう。

海外渡航が自由化されてから六年、まだ海外旅行が庶民のものではなかった時代に開催された昭和の大阪万博においては、「万国」という言葉の響きに無限の広がりが感じられたと思われます。対して今は、海外にも気軽に行くことができるし、ネットで何でも見ることができる。インバウンドが激増し、様々な国の人が街中を歩いている状況では、外国人を見て興奮するということもありません。外の世界に憧れる力が、あの頃の日本人と比べると著しく減少しているのです。

そして何より、日本という国のエンジンがブンブンとふかされていたあの頃と比べると、今の日本は省エネ走行状態。「この先日本は、どうなるのかなぁ」と不安に思う人も多い中では、万博に行けば夢や未来と出会うことができるとは思いづらいのではないか。

これは、二〇二〇年の東京オリンピックの前の空気と似ていましょう。新型コロナウイルスのパンデミックで開催できるか否かが議論された時も、「中止した方がいいんじゃないの？」という意見が多かったもの。東京でのオリンピック開催が決定して以降、エンブレムのデザインの盗用疑惑や、開会式を巡る様々なトラブル等が続くと、かつての東京オリンピックの盛り上がりと比較して「日本もダメな国になったものだ」というムードがあふれました。

一年遅れでオリンピックが開催された時は、日本自慢の「クールジャパン」感も、国の勢いも全く感じさせない開会式を見て、私はしんみりした気分になったものです。「なぜあのような開会式にしてしまったのだ」という怒りや、「名誉挽回しなくては」という負けん気よりも、自国のダメさ加減に対する諦念が先に立ったのです。

バブルの崩壊以降、経済の低迷が続き、少子化も止まらずに人口は減少。明るい話の少ない日本において、オリンピックや万博といった大規模イベントは、懐メロ歌手のコンサートのように見えます。それでも、栄光よもう一度と、昔と同じ手段に頼る姿勢に接すると、そこはかとない哀しみが湧いてくる。


一九六四年の東京オリンピックや一九七〇年の大阪万博では、敗戦から立ち直って高度経済成長の只中にいる姿を世界に見せるべく、日本中がクソ意地を発揮したものと思われます。対して今の日本には、もはや「なにくそ」的な意地を絞り出す理由がありません。

歴史を振り返れば、近代日本における「なにくそ」ポイントは、明治維新の時と、太平洋戦争での敗戦時の二回、ということになりましょう。

長く鎖国をしていた日本は、黒船来航を機に国を開き、国際舞台へとデビューしました。途端に、自国が今で言うところのガラパゴス状態、それもかなり極端な状態であることに気づき、「欧米列強に追いつき、追い越さねば」という負けん気を発揮して、急速に発展を遂げたのです。

その勢いで欧米列強並みに植民地を広げるべくアジア各地に手を伸ばし、調子に乗りすぎて多くの国を敵に回した結果、太平洋戦争で敗北。どん底状態まで墜ちるも、そこでまた「なにくそ」と歯を食いしばって頑張り、アメリカに次ぐ世界第二位の経済大国に。

……という、「しくじり先生」にぴったりなストーリーを、日本は持っています。しかし一九九〇年代以降、経済状況は右肩下がりとなり、GDPは中国に抜かれ、二〇二四年二月にはドイツにも抜かれて、世界第四位に。

そんな今、世に漂うのは、斜陽を愛でるかのような空気です。GDPが三位から四位、五位、六位になったとて、食うや食わずにはなるまい。アジアの小国がベストテンに入っているだけでも、十分にすごいことではないか。経済発展のために無理して頑張るよりも、もっと余裕をもって生きた方がいいよね、といったムードが感じられる。

日本が経済力を落としつつある背景には、様々な難しい理由があるのでしょう。が、そこには「なにくそ力」の消失も、関わっている気がしてなりません。企業の経営者達も、既に戦争を知らない世代。長髪でフォークを歌っていた人々や、バブルの時代にディスコで踊っていた人々が経済の実権を握っているのであり、上の世代と比べると、なにくそ力はどうしても薄い。

私もまた、特筆すべきルサンチマン心もハングリー精神も持っていない者です。周囲を見ても、我が子のために歯をくいしばる人はいても、国のために歯をくいしばる人はもういません。

それでも我々は、『ジャパン　アズ　ナンバーワン』といった本が出た時代や、バブル期のような〝かつての栄光〟を知っているので、「GDPがドイツに抜かれた」といった話を聞くと一瞬、「えっ」とは思うのです。もっと上の世代を見れば、そのような状況に真剣に憤っている人もいる。

たとえば今、「日本は物価が安い」ということで、外国人観光客が盛んに買い物をしていますが、かつての栄光を知る世代は、その姿を見て、遠い目をするのでした。「自分達も昔、外国でバカスカ買い物をしていたなぁ」と。

日本よりも物価の安い国に行っては、

「やすーい」

と買い、欧米に行っては、日本で売られていないような洒落たものやブランドものを、

「ほしーい」

と買っていたのは、景気が良かった時代の日本人。日本人観光客が歩いた後はペンペン草も生えないほどの貪欲な買いっぷりに現地の人が眉をひそめても、消費行動を止めませんでした。

それが今は、外国人が「やすーい」と、日本で爆買いをするように。かつて海外で爆買

いをしていた世代は、「経済的に発展が遅れている国は物価が安い」という意識を持っていますから、「日本もそんな国になったのか」とショックを受けるのです。

そんな日本人が今、外国へ行くと、そこには物価高の世が広がっています。円安の世を生きる日本人にとっては、欲しいものがあってもなかなか手を出すことができない。日本人が激安社会を生きている間に、日本以外では、物価も給与も着々と上がっていたらしいのです。

このような世を見て、ＥＸＰＯ'70に夢と未来を見た世代は、

「日本もいよいよ、三流国になり下がったよね！」

と、吐き捨てるように言うのでした。彼らは、かつて日本が一流国だったと思っています。それが今や、その時代に見下げていた国々の人が日本に来て爆買いをしているという事態に、ショックを受けている。

彼らが今、希望を託すことができるのは、アメリカで活躍する大谷翔平選手くらい。彼は日本のために頑張っているわけではありませんが、しかし日本の中高年にとっては大谷翔平だけが、かつての栄光を思い出すよすがなのです。

一方で若い世代はと見てみると、日本の国力が下がっていくことに、さほどのショック

は感じていない様子です。若者達は、日本の「かつての栄光」を知りません。どうやら日本が、経済面でアメリカを脅かすほどの勢いを持っていた時代があったらしいとは知っているものの、それは日本史上の一つの出来事でしかない。

生まれた時から自国があまりパッとせず、世界的に注目されるものと言ったらせいぜいマンガやアニメやゲーム、という世を生きてきた彼等。中国が日本よりも経済大国であることも当たり前だし、ドイツに抜かれるのもしょうがないいんじゃないの、ともなりましょう。

若い世代は、経済の発展よりも、一人一人の幸福の方が大切だと思っています。

「上の世代は物質的な豊かさばかりを追い求めていましたが、私達はそれよりも、精神や環境の豊かさの方が大切なのです」

と。

そう言われますと、上の世代としては目を伏せざるを得ません。「いや確かに我々、カネもモノも嫌いではありませんが、精神も豊かであれかしとは思っていますし、ゴミも分別してるし……」と、小声になってしまう。

昨今の若者の中には、地球温暖化や環境破壊のニュースが気になるあまり、「それに自分も加担しているのではないか」と思うと、夜も眠れない人がいるのだそう。デパ地下やスーパーで大量の食品を見ると、「これがフードロスになるのか」と思って涙がにじむ、という人も。買い物をする時も環境に配慮した商品か否かを考慮して選ぶという姿勢が、彼らには浸透しています。

かたや我々世代は、温暖化も環境破壊も承知はしているけれど、それはそれとして、夜はぐっすり寝てしまうのでした。何歳になっても新しい服も靴も鞄も欲しいし、それらを買う時に、環境に配慮した商品かどうかを確かめてはいなかった……。

そのような若い人々を見ていると、国を一流だ二流だと格付けする感覚を、もはや持っていないように感じます。GDPの順位が上がっただの下がっただのよりも、地球環境をよりよくしたり、誰もが傷つかない世にする方が重要な問題なのです。

若者が韓国に対して抱く素直な憧れの気持ちを見ても、私は国のあり方についての感覚の違いを感じるのでした。韓国のアイドルや俳優が世界的に活躍し、エンターテインメントの世界では、完全に韓国に抜かれた日本。

しかし若者にとっては、日本が韓国に「抜かれた」とか「負けてしまった」というより、韓国が先に行っている状態が当たり前なので、何ら悔しさも偏見もなく韓国に憧れることができます。在日韓国人の歴史やヘイトスピーチといった問題をすっ飛ばして、

「韓国人、かっこいい！」

「韓国のもの、全部かわいい！」

と思っているのであり、愛と憧れからハングルを勉強したり、韓国へ留学したりする人も多い。

彼らの感覚は、他のアジアの国を見下げたり、支配しようとしていた時代の日本人とは大きく異なります。他者を下に置くことによって自分が上がっていこうという欲求は、そこにはないのです。

このような感覚は、時代が進むにつれてさらに強まることでしょう。そして日本は、「なにくそ」とか「追いつけ追い越せ」という精神によってエンジンをふかす国からの転換を求められ、他者の上に立つとか下に見るといった感覚や、全体のために個人が犠牲になるといった感覚から、離れていくのではないか。

日本の国力は、やはりじわじわと下がっていくのでしょうが、しかしそのことに対して、焦りや悔しさを覚えない人が増えれば、さほどの問題にはならない。人口も減り続け、少ない人数を優しく育てることによって、さほど貧しくなく、安全で目立たない小国として生きていくのではないか。

先日ロンドンに行った時も、日本の地位低下、というかガラパゴス状態を感じることが多々ありました。まずは日本人の姿が、ほとんど見られない。景気が良かった時代は、海外のどこに行っても日本人の一人や二人がいたものですが、ロンドンの都心でも同胞をなかなか見ないのです。

地下鉄に乗るたびに思ったのは、「やけに若者が多い」ということでした。東京で電車に乗っていると、乗客の中で自分は若い方ということが多く、お年寄りが乗ってきたら自分は譲る方の要員だな、と思うことが多いのです。

対してロンドンの地下鉄では圧倒的に若者が多く、自分は明らかに車両の中では長老の部類。「ここでは私は、譲られる方の側だ」と思えました。

ロンドン在住の友人に聞けば、

「こちらは本当に若者が多い。人口が減らないように移民を多く受け入れてるからで、それによって別の問題も起きてはいるけれど、でも若者が多いとやっぱり活気が違う」

とのこと。日本に来たイギリス人は、日本の列車内の高齢者の多さに、「日本、終わってる……」と驚いていたということではありませんか。

そういえばイギリスは、さほど広くない島国というところが日本と似ていると言われます。しかし、植民地をどんどん押し広げるとか、そこからアメリカ大陸に移って新しい国を作るとか、EUを離脱するとか、保守的な国に見えてすることは極端。コロナの時も、ロックダウンの後はいち早く「マスク、外してよし」ということになり、日常生活を取り戻しました。移民を受け入れて人口の減少を食い止めようとしたり、日本では考えられないような王室スキャンダルが発生したりするのも、その「大胆なこと、新しいことをするのに躊躇しない」という国民性のなせるわざではないか。

似たような国に見えるけれど、実は全然違う。……と、若者だらけのロンドンの地下鉄で、私は思っておりました。かつて栄光を見たことがあるという部分では似ていても、そのあり方は全く違うこの二つの国の人口は、そして国力は、今後どうなっていくのか。そういえばロンドンオリンピックの開会式は、恰好良かったっけなぁ。……と思いつつ、日本ではまだ江戸末期だった時代、世界で最初に走った地下鉄に、私は揺られていたのでした。

反ルッキズム時代の容姿磨き

二〇二三年の暮れ頃、岸田首相に「増税メガネ」というあだ名がつき、それが新聞等でも取り上げられているのを見た時に思ったのは、「メガネ」という言葉はもはや差別語ではなくなったのかも、ということでした。

「増税メガネ」の「メガネ」には、もちろん多少の揶揄感覚は含まれています。けれど、もし「増税デブ」「増税チビ」などという言い方だったなら、ネット以外のメディアには取り上げられなかったことでしょう。「メガネ」というのが、外見差別とまではいかないが多少の揶揄感は醸し出すという、絶妙な着地点だったのです。

同時に感じたのは、「メガネ」という言葉が及ぼす影響の男女差でした。もしも首相がメガネをかけた女性で、「増税メガネ」と言われたとしたら、もっと差別的な言葉として取り沙汰されることが多かったのではないか。

かつて「メガネ」は、女性のみに適用される差別語でした。昭和時代、「ブス、チビ、メガネ（他にも、「カッペ」、「馬鹿」といった言葉も入っていたのだが）は採用不可」という、某企業の女性社員の採用基準が流出して、問題になったことがあります。「女は見た目」というのは、誰もが認識している当時の感覚ではありました。が、それを裏でとはいえ明文化しているとはどうなのだ、と問題になったのです。

その事件によって、「女にとってのメガネって、不利な条件だったんだ！」と初めて知った十代の私は、当時すでにメガネを使用していました。うすらぼんやりした顔立ちが、少しは締まって見えるということで、むしろ積極的にメガネをかけていたのです。

ですから私は、世の中では「女のメガネ」がそれほどまでにハンディキャップと捉えられている、という事実に驚きました。確かに周囲を見ると、目が悪い女性の多くは、コンタクトレンズを使用していました。他人からはしばしば、

「あなたはなぜコンタクトにしないのか」

と問われ、私としてはそう問われる理由がよくわからなかったのですが、昭和時代は、女のメガネは就職のみならず恋愛や結婚にも不利というのが、一般的解釈だった模様。

メガネ女性に関しては、「本など読んでいて、生意気なことを言いそう」といった印象も、当時はあったのでしょう。メガネ女性差別の背景には、「女に学問はいらない」との感覚もまだ、存在していたのではないか。

しかしその後、メガネを取り巻く状況は大きく変化しました。視力矯正用具と言うよりは、ファッションアイテムとしてのメガネという認識が広まり、センスの良いメガネを安く作ることも可能に。男女を問わず、メガネを積極的に取り入れる人が増えたのです。

アニメ等の世界では、メガネっ娘《こ》が人気にもなりました。知的キャラが好き、メガネ顔と素顔のギャップがいい、といった声に支えられ、メガネっ娘キャラクターは定着していったのです。

今となっては、メガネだから駄目、などと就活中の女子学生を見るような企業は無いことでしょう。ことメガネに関して言うならば、かつては存在した差別が、ほとんど消滅した気がするのであり、ルッキズムを乗り越えようとしている現代において、メガネは一つの成功例と言うことができるのではないか。

他の面においても、容姿に対する認識にはかなりの変化が見られます。昭和時代は、若い女性に対して、

「そんな〇〇じゃ、お嫁にいけないよ」

という脅しがしばしばかけられたもの。「〇〇」には、「メガネをかけていたん」とか「化粧っ気もないん」とか「太っていたん」といった言葉が入ったのであり、つまりは「男性好みの容姿にならないと、あなたは結婚することができない。それでもいいのか」と、若い女性は言われがちだったのです。

その時代、女性の容姿は異性を惹きつけるために磨くべきものという認識がありました。女性は結婚をしなくては生きていくことができない。だからこそ容姿を磨かなくてはならない、という感覚が存在したのです。

それが今、容姿は自分のために磨くものとなりました。異性のためではなく、自分が快適に生きられるような容姿を手に入れることが大切。さらに言うならば、結婚は女性が生きる上での絶対条件でもなくなったので、ヨメにいくために男性好みの容姿になるべく精を出さなくてもよくなったのです。

そうこうするうちに、渡辺直美さんのような体型の人が活躍したり、ファッションブランドのサイトにプラスサイズモデルが登場したりと、画一的な美をよしとしない流れが日本でも強まってきます。

テレビでは、かつてお笑い番組で当たり前に使用されていた「デブ」「ブス」といった言葉を耳にしなくなりました。こと女性に関して言えば、その容姿を他人がいじるというお笑いの手法は、コンプライアンス的観点から封じられたのです。

ではその結果、容姿差別が解消されたのかといえば、もちろんそうではありません。我々一般の人間は、人の魂まで見通すような視線は持っていないので、誰かに会った時は、目で見える部分でまずは一定の判断をするもの。

その時、直截的な言葉を封印されたからこそ、感情は地下に潜って煮詰められるようになりました。SNSで容姿をからかわれて学校に行くことができなくなった、といった話は後をたちませんし、芸能人が太っただの劣化しただのといった話も、ネットではあちこちで目にするのです。

そのせいもあってか今、美を追求する活動は、昭和時代よりもずっと先鋭化しています。かつては、「自分が他人からどう見えるか気にしている」との感覚を持つのは恥ずかしいこととされていましたが、誰もがネット上に自分の姿を晒すようになってその見栄えが問われるようになると、そのような感覚を持つのは当然のことに。と言うよりも、「より美しく自分を見せる」という行為が、マナーの一環のようになってきたのです。

美は、若い女性だけが追求するものでもなくなりました。男でも女でも、結婚しても子供ができても、中年になっても老年になっても、追い求めなくてはいけないかのような雰囲気に。

美しい容姿を追求する姿勢は、昔であれば「外見のことばかり気にしている」と否定的に捉えられがちだったものです。しかし今は「自分を高めるための努力を怠らない人」と、肯定的に捉えられるようになりました。

確かに、

「四十代でこの美肌」

とか、

「奇跡の五十代」

などと言われる有名人達は皆、努力を怠っていない様子です。これも昔は、

「何もしていないんです」

と言う美人の方が多く、その方が恰好いいとされたものですが、今は自分がしてきた努力をきちんと表明する美人の方が好感度大。その方が人々に「自分も同じように努力をすれば、あの人と同じように美しくなれるかも」と思わせることができるからであり、

「何もしていないんです」

は、最も傲慢に聞こえる台詞となりました。

美は天賦の才ではなく、努力次第で誰でも手に入れることができるもの。……という認

識が広まるのは、良いことのように思えます。しかしそうなると、「外見などはどうであっても、内面が美しければそれでいいのです」とは、もう言っていられなくなってきました。「外見も、内面も」と求めるようになった女性達は、外見で他人を判断するのをやめよう、という動きが強まれば強まるほど、自分の外見で自分を縛るようになったのです。

ドラッグストアに行けば、毛穴から爪の甘皮まで、身体のあらゆるパーツを美しくするための化粧品やらグッズやらが並び、プチ整形的な行為も、様々用意されている現代。手段があるのに利用しない人は、怠惰とすら見なされるようになりました。

ですから今の若者を眺めていると、自分が若い時代よりもずっと綺麗だなぁ、と思うものです。ムダ毛は、若いうちに永久脱毛。ネットでは、高級なデパコスから韓国コスメやドラッグストアのプチプラコスメまで、美容に関するグッズの様々な情報がじゃんじゃん流れ、経済力に応じた手段をとることができる。

ガングロやら竹の子族やらといった奇矯な流行もないので、若者達は全体的に、まともかつ可愛いのです。近所の高校に通う高校生群を見ていても、誰もが小綺麗なのであり、かつてのように、センスの良い美人と、外見に無頓着な人の間に、著しい差があるわけでもありません。

前述の通り、今の人々はモテるためではなく、自分のために容姿を磨いています。自分が快適でいられる外見を手に入れ、美のために努力すること自体が楽しいようなのですが、その気持ちは何となくわかる。私も、たとえば美容系人気ユーチューバーがお勧めしていた、唇がぷるぷるになるというティント（笑）とやらをつい買ってみたり、それをつけて、唇のテカリ具合を鏡で確認しつつ「ふーん」などと思ったりするのは、非常に楽しい。年甲斐というものを考えると、無分別に唇をぷるぷるさせる行為はむしろ怖いのだけれど、千年前の清少納言が、「誰も見ていなくても、綺麗に化粧しているとときめきますよね」的なことを書いたのと同様、そのような行為をこっそりすることで充足感を得ることができるのです。

一方で、「これは大変であることよ」とも私は思うのでした。皆がそこそこ綺麗という世は、平均値が上がって、そこから外れた容姿の人が目立つ世でもある。もちろん渡辺直美さんのような人もいるけれど、「彼女のように個性を全開にして世界に打って出るような人でないと、『太っていてもＯＫ』とはならないのか」と思う人はいまいか。反ルッキズムの世になってから、日本女性が自らに課す容姿についてのハードルは、ますます上がっている気がしてなりません。

そこには、国民性も関係しているのでしょう。まつ毛の端まできっちりと整えられた日本女性の美しさを眺めていると、私はキャラ弁を思い出すのです。子供が喜ぶ弁当を作り始めるとだんだん精度を追求したくなって、海苔をカッターで細く切り、ピンセットでご飯の上にキャラクターを描き出すお母さんがいますが、まつ毛の一本一本の角度を気にする顔面作りも、海苔でまつ毛を描くキャラ弁作りも「つい作り込んでしまう」という日本人の気質のせいなのではないか。さかのぼって行けばそこにはきっと、米粒に仏様の姿を描いていたご先祖様がいることでしょう。

海外でテレビを見ていると、ニュースキャスターの女性が二の腕も腹回りも、ありのままにタプタプさせている姿を目にします。彼女はちゃんとシワのある中年で、露出された胸の谷間を見れば、年齢なりに乳も重力に対して素直な反応を示している。

このような女性を見ると、一瞬「えっ」とびっくりした後に、「ラクそうでいいなぁ」と私は思うのでした。この人の、と言うよりもこの国の人々のご先祖は、決して米粒に仏様を描いてはいまいと感じさせる姿なのであって、普通に老けてもキャスターのような仕事に就くことができるというのは我が国ではありえない、と思うから。

日本ではキャスターにしてもアナウンサーにしても、女性は皆、痩せていて美しいものです。女性アナウンサーは、一定の年齢を過ぎると会社を辞めるか、辞めなくとも地上波の画面からは姿を消すのが通例。タプタプした肉体を持つ女性が、番組のメインを張ったりすることはありません。

キャスターやアナウンサーというのは、ニュースを読んだり意見を言ったり番組を進行させたりするのがメインの業務であり、容姿とはそもそも関係のない仕事です。ですからテレビ局のアナウンサーを見ると、男性の場合は、容姿が優れた人ばかりというわけではありません。いわゆるイケメンも一部いるけれど、そうではない顔面のアナウンサーもたくさんいますし、中年になるにつれて、どんどん太っていく人もいるのです。

対して女性アナウンサーの場合は、皆が皆、美しい顔面の持ち主なのでした。体型を見ても、ちょっとぽっちゃり程度の人はいても、太っている人は皆無。男性アナウンサーは外見よりも能力重視、女性アナウンサーは能力よりも外見重視ということを、その事実からは如実に見ることができます。

アナウンス技術や声質、知性や教養がいくら秀でている女性でも、容姿が今ひとつの場合は、テレビ局のアナウンサーになることはほぼ不可能。そう考えると女性アナウンサーがいる現場には、今最も根強い容姿差別が残っていると言えるのではないか。

容姿差別に対して社会が厳しくなっても、「採用」という行為にあたる側にいるのが男性ばかりの場合、このように男性が好もしく思う容姿の女性だけが残ることになるのでした。そんな中では、我々女性にもまた、男性が築いてきた容姿の基準が染みついている気がしてなりません。

たとえば私が海外の中年女性キャスターを見て、そのタプタプした二の腕や下腹に「えっ！」と思ったのは、男性視線で作られた日本のテレビに慣れているため「テレビに出る女性キャスターたるもの、引き締まった身体であるのが当たり前」と思っているから。自分の腕肉や腹肉がどれほどタプタプしていようと、テレビで見る女性がタプタプしていると「えっ！」と思う思考の癖が、私の中にはすでにできているのです。

そう考えると、女性達が自分が望む恰好や化粧をしていると思っていても、そこには長年の間に刷り込まれた男性の視線が絡みついているのだろうな。……と、私は流行によって腹だの肩だの脚だの胸だのと、様々な部位が露出される女性のファッションを眺めていると思うのでした。

人間も生物の一種なので、異性を惹きつける外見でいたいと思うのは、ある意味で当たり前のことではあります。だけれどその感覚が一時期、過剰になりすぎたために揺り戻しが起こり、「異性のためではなく、自分のために美を磨いているのです」となった今の風潮が良いことなのかどうか、今ひとつ判断がつかない私。ただ一つ、「ラクだから」という理由で家ではき続けているウエストがゆるゴムの軍パンだけは、純粋に自分のためだけのファッションであるなぁと思いつつ、一人で唇がぷるぷるになるティント（笑）を塗っているのでした。

モテなくていいけど、出会いたい

二〇二三年秋頃から、マッチングアプリのコマーシャルが、テレビでも流れるようになってきました。従来は、いわゆる出会い系のサイトを規制する法律でテレビCMが認められていなかったのが、解禁されたようなのです。

マッチングアプリの存在感は、ここ数年で、とみに高まっているのでした。街中のカフェなどでは、明らかにマッチングアプリでつながって初めて会っていると思しきカップルが隣の席に座ることも、しばしば。相手の人となりを知るための初々しい会話が、耳に入ってくるのです。

次第に、

「その男はやめた方がいい！」

とか、

「この二人はうまくいきそう。頑張れ」

などと、私の中では老婆心（まさに）が波打つのですが、そのようなことはおくびにも出さずコーヒーをすする。

経験者の話によると、マッチングアプリを使い続けていると、かなり疲弊するのだそうです。自分を一から相手にわかってもらうのは大変だし、会う人会う人「全然違う」という相手だと、激しく落ち込みもする、と。あるマッチングアプリの広告に、

「もう、合う人だけと、出逢いたい。」

という文章がありましたが、それはアプリ利用者の切実な気持ちを集約させたコピーなのでしょう。

とはいえマッチングアプリで男女が出会うことが、当たり前になってきた今。そのような現状を見ると、今の若者はモテを巡る格差の荒波から、ある程度は守られるようになってきたような気がするのでした。

かつて若者達が求めていたのは、「自然な出会い」というものでした。お見合いなどでわざわざ出会うのではなく、日々の暮らしの中で異性と思い合って恋愛なり結婚なりに進むことが望まれたのです。

実際は、「自然な出会い」を成立させるために、様々な権謀術数や手練手管が使用されていたのであり、自然な出会いほど不自然なものはありませんでした。それでもなぜ「自然な出会い」が珍重されていたのかといえば、「私は恋愛、もしくは結婚相手を求めてガツガツしているわけではない」という風を装う必要があったからです。

日本ではかつて、恋愛結婚は主流ではありませんでした。結婚は個人同士がするものではなく、家と家がするものという感覚が強かったが故に、親が決めた相手とするのも当たり前。基本的には男女共学すら認められていなかった国では、「自然な出会い」は、望むべくもありませんでした。

それが敗戦後、民主主義の洗礼により、結婚は個人同士が合意のもとにするものとなり、恋愛結婚が増加。一九六〇年代末にはその割合が逆転し、結婚相手は自分で探す時代となったのです。

しかし恋愛結婚が増加しても日本人の中には、「見合いが当然」という時代の感覚が、微量に残っていたのだと思います。「相手をガツガツ求めなくても、いつか出会うはず」「出会いたくて仕方がない、という風には見られたくない」という気持ちがあったが故に重視されたのが、「モテる」ということではなかったか。すなわち、自分からがっついたわけではなくて相手に好かれたんです、という状況が求められたのです。

「モテる」とはどのような状態を言うかといえば、並以上の好意を寄せてくる人、それも特に異性が、単独ではなく複数人いる、という状態を示すものと思われます。「モテる」は漢字で書くと「持てる」らしいのですが、モテる人とは、好意という玉のようなものを持ちきれないほどに寄せられてウハウハしている人、といったイメージか。

日本の若者達は、かなり前からモテを希求していました。名エッセイストとしても知られる故伊丹十三《いたみじゆうぞう》は、『女たちよ！』に、

「モテるということが、今や男女関係の至上の物差しになってしまった」

と書いています。一九六八年、高度経済成長期の只中にこの本は刊行されたのですが、若者達が盛んにモテを欲し、モテるためにあれこれと策を弄していることに対し、著者は苦言を呈しているのです。

「若い時にこういう物の考え方に慣れてしまうことは実に危い。一生、人を愛することのできない人間ができあがってしまう」

と。

「モテる」とはすなわち、相手から好意を寄せられるのを待つという、受動的行為。「モテたい」という欲求が破れた時は、だからこそ「相手が悪い」という感覚につながってし

まう、と本書にはあります。

この本が刊行された一九六八年とは、まさに日本において、見合い結婚と恋愛結婚の割合が逆転する頃でした。自分の力で結婚相手を見つけなくてはならないけれど、自分からガツガツ行くことに対して躊躇しがちな日本の若者だからこそ、モテたいという受動的欲求を炸裂させたのではないか。


はたまた一九七七年に放送された、山田太一脚本の名作ドラマ「岸辺のアルバム」を見ていたら、主人公一家の高校生の息子（国広富之《くにひろとみゆき》）が、

「やっぱり人間、モテなきゃだめだね!!」

と言っていました。彼は、よく行くハンバーガーショップでバイトする女の子（風吹《ふぶき》ジュン）から告白されて、有頂天になっていたのです。

一九七七年の高校生のこの発言からも、モテが珍重されていたことが伝わってくるのですが、さらにここから理解できるのは、「モテ」は格差を生む、という事実です。

国広富之は、同級生の友人と一緒にハンバーガーショップに通っていました。友人は、風吹ジュンが自分のことを好きだと思い込んでいたのですが、彼女が好きなのは、国広富之だった。そのことを知った国広富之は、〝自分は友人よりも上〟感を抱き、家に帰って

から思わず、

「やっぱり人間、モテなきゃだめだね!!」

と叫んだのです。

モテることは、なぜ人を浮き立たせ、「自分が上」という感覚を与えるのか。……と考えてみると、他者から好かれる＝自分には好かれるだけの価値がある、という判断が下されるからなのでしょう。

確かに、相手が男であれ女であれ、誰かに好かれるのは嬉しいものです。いわゆる自己肯定感というものは、自分だけの力で得られるものではありません。それを最も容易に得させてくれるのは他者からの肯定であり、認証。異性から希求されたり、仕事相手からその能力を求められたりと、他者に認められることによって「自分は、これでＯＫなのだ」と思うことができ、「自分が上」感をもたらすのでしょう。

その感覚は、昨日今日生まれたものではありません。清少納言は『枕草子』に、

「親にも、君にも、すべてうち語らふ人にも、人に想はれむばかり、めでたきことはあらじ」

と書いています。親であれ、お仕えする主人であれ、おつきあいをする人の誰からであっても、人から思いを寄せられるほど素晴らしいことはない。……というわけで、他人から好かれること、愛されることを手放しで喜び、「どう?」と自慢する感覚は、『枕草

子』の他の部分からも、しばしば感じられます。千年前から、「モテ」は人に喜びを与え、気分を浮遊させていたのです。

その〝好かれハイ〟とでもいうべき感覚があまりにも気持ち良いので、人はモテたくなる、という面もあったのでしょう。一九七七年の国広富之も、風吹ジュンから好意を寄せられてハイになっていましたが、この頃から日本の若者達は、モテるためにはどのようにしたらいいのか、どんどん研究を深めていくことになるのです。

伊丹十三は、モテに夢中になる日本の若者に危機感を抱いていましたが、モテるための研究というのは、日本人に向いていたのだと思います。女性達は、そもそも非常に傷つきやすい日本男児の性質をよく知った上で、「私はあなたを決して傷つけませんよ」というメッセージを内包したモテメイクやモテファッションで身を固めました。そして日本男児は、雄の孔雀が羽を広げるかのように、無理して買った外車に乗ったのです。

このように、男も女もモテによって得られる好かれハイを求めて右往左往していた時代は、一方で晩婚化や非婚化が進んだ時代でもありました。モテるための活動が活発になるなら結婚も活発化するのかと思えば、さにあらず。恋愛がゲーム化して結婚までたどり着きにくくなったと言うこともできますが、もう一つ、伊丹十三の危惧通りに、モテを求めて受動化していった男女が、互いにただ立ちすくんでいた、という現象もあるように思います。

「モテる人が偉い」という世において、モテ欲求を強く持つ人は、モテないからといって自分から異性に積極的にアピールすることを恥としたきらいがあります。好意という〝玉〟を相手から渡されたい、というのが「モテたい」ということですから、モテたい人は、自分から玉を渡しに行くのは得意ではない。さらには伊丹十三が指摘したように、モテないとなると「自分の魅力を理解しない相手が悪い」と、相手に責任を負わせがちなのです。

「モテたい」という欲求は、「誰かと愛し合いたい」「パートナーがほしい」という欲求とは、似て非なるものでした。モテ至上主義の時代は、モテるだけで満足感が得られる時代でもあったのであり、実はつがいを作る活動が不活性化した時代でもあったのではないか。

その後も、日本人がモテたくてしかたがない時代は続きました。ユーミンが「これからは純愛だ」と説いても、また女性誌が「愛されるよりも愛する方が素敵」と特集を組んでも、人々のモテ欲求は膨らむばかり。それと比例するように、晩婚化、非婚化も進んでいったのです。

「モテたい」という欲求は、日本の物質文化とともに膨らんでいったようにも見えますが、それは偶然ではないのでしょう。前述のように、「モテる」は漢字で書くと「持てる」。もっと物がほしい、もっとお金がほしい、と多くの金品を所持することを望んでいた日本人は、他人の思いをも、できるだけたくさん我が物としたいと願ったのではないか。お金持ちが「すごい」と言われたように、モテる人も「すごい」と仰ぎ見られたのです。

となると、昨今の若者達が、あまりモテに対してがっついていないように見えるのも、納得できるところです。景気の悪い時期が長く続き、子供も人口も減り、じりじりと国力を落としている日本において、物や金に対する「もっともっと」という感覚は、目立たなくなっています。もっとモテたい、という感覚が下火になるのも、当然なのでしょう。

もちろんバブルの時代を知るような中高年は、いまだ「モテ」という言葉にキュンとくるところがあるのです。しかし若者を巡る状況を見れば、「愛されコーデ」とか「モテメイク」といった言葉はもう若い女性向けのファッションサイトにも見当たらないし、若い男性は当然ながら、無理をしてまで外車に乗らない。

人々はもう、物質的にであれ精神的にであれ、余計なものは持ちたくないのです。物質であれ好意であれ愛であれ、どっさりは持ちきれないから一人分でじゅうぶん、なのではないか。

そんな時に、マッチングアプリはちょうどよいシステムなのだろうなぁと、私は思います。それは、ネットを使用したお見合いのようなものであり、旧来言われてきた「自然な出会い」ではありません。普通に暮らしていたら知り合う可能性のない相手ともマッチングされるわけですから、不自然な出会いとも言えますが、しかしもはや出会いに自然さを装う必要性はなくなりました。

中にはヤリモク（下品な表現ですみません）の人もいるという話ではあるけれど、マッチングアプリを使用する多くの人は、モテたいわけではないのでしょう。不景気や自然災害やパンデミック等を経て、一人で生きるしんどさを知っている人が、手を携えて共に生きることができるたった一人の相手を探しているということで、そこに「もっともっと」の気持ちは存在しない。

マッチングアプリがスマホに入っているのを他人に見られるのは恥ずかしい、といった感覚はあるようですが、もはや交際相手とアプリで出会ったことを恥じる人は少ないのだと思います。モテ時代の人々は、モテたいと熱望している割には、その気持ちを恥じてひた隠しにしていましたが、今の人々は、「つがう相手を必要としている」という感覚を恥じることなく、家具か何かを探すかのように、淡々とパートナーを見つけようとしているのでした。

モテたい、モテなくては、という焦燥から解放され、アプリが選んでくれたパートナー候補と出会うことができるとはラクではないか、とモテ至上主義時代に若い頃を過ごした身としては思います。しかしアプリで出会った初対面の相手とカフェで会話をする人々の姿からは、たった一人の相手を見つけることの困難さが、やはり滲み出てくるのでした。

皆がらくらく結婚していくように見える。しかし皆がしているように見えることほど、実は大変なものはない。つがいを上手に作ることができなくても、もう親のせいにも相手のせいにもできなくなった時代の若者達に、せめてコーヒーをすすりながら、胸の中で「頑張れ」とエールを送ることしかできない私なのでした。

稼ぐ女と、使う女

女女格差などという言葉が存在しなかった時代から、女と女の間には、確実に格差が存在していました。才能や容姿によってつく差ももちろんありましたが、「格差」という言葉を経済的な意味で使用するのであれば、それは父親や夫といった、その女性の後ろ盾となる男性の経済力の多寡によって決定づけられたものです。

結婚後、女性は専業主婦となる道が主流だった時代、女性間での格差は、夫の甲斐性によって決定されました。有能でよく働く夫を持つ妻は経済的に豊かな生活を享受することができ、そうではない夫を持つ妻は、それなりの生活を送ったのです。

ですからその時代、男性にとってはお金を稼ぐ能力が、そして女性にとってはお金を稼ぐことができる男性を選ぶ能力が、生活レベルを左右しました。親が子供の結婚を決めていた時代は、相手に娘の後ろ盾となる能力があるかどうかをいかに見極めるかが、娘を持つ親の甲斐性だったのです。

女性は相手の男性次第で人生が決まる、という事実を示す言葉は、古来色々とあったようです。たとえば平安時代であれば、「幸い人《さいわいびと》」という言葉が存在していました。

この時代、「幸い」とは、自身の力で得た幸福を指す言葉ではありません。「幸い」は「幸福」と言うよりは、思いがけなく得ることができた「幸運」のことを指した模様。たとえばそれほど身分の高くない女性が、身分の高い男性から見初められることが「幸い」であり、そのような女性を「幸い人」と呼んだのです。

『源氏物語』に登場する明石の君という女性も、物語の中で「幸い人」と言われています。彼女は、偏屈な父親が都から明石に移り住んだため、鄙の地で寂しく暮らしていました。するとそこにやってきたのが、光源氏。彼は、都で女性関係のスキャンダルを起こし、そのほとぼりが冷めるまで田舎で蟄居《ちっきょ》していたのです。

父・入道は、鄙の地で暮らしながらも、娘の夫には一流の人物を、という野望を持っていました。好機到来、と入道は娘を光源氏に差し出し、二人は結ばれることに。明石の君は、やがて女児を出産します。

一夫多妻が許された当時、光源氏は都にも妻格の女性がいたのであり、明石の君は、あくまで〝現地妻〟的な存在でした。しかし彼女が産んだ姫君は、長じて後に東宮に入内《じゅだい》。のみならず男の子を産んで中宮になるという、女の出世コースを極めたのであり、そんな娘を持った明石の君の人生後半も安泰というわけで、彼女は「幸い人」と言われたのです。

明石の君の場合は、田舎に住んでいた女性として日陰者扱いされたり、「田舎で育てたら将来に傷がつく」と、産んだ娘をすぐに光源氏に奪われて都で育てられたりと、ひどい目にも遭っています。しかし、やがてその子が中宮まで登りつめたことによって、明石の君の立場もアップ。夫と子の力によって、彼女は「幸い」を得ました。

「玉の輿」というのもまた、女性の階級上昇を示す言葉でしょう。身分が高くない家の娘でも、容姿などが良ければ貴顕に嫁ぐことができるということで、今でも「玉の輿」はよく使われる言葉となっています。

見た目は良いが出自は低い男子が、その外見を見込まれ貴顕の女性と結婚する、という事例は、歴史の中にはあまり残っていません。女はカオ、男はカネが、より良い結婚相手を選ぶための資源となっていることが、よくわかりましょう。

現代でもまだ、その傾向は残っています。見た目には恵まれないが経済力はたっぷり持つ男性が、自身の容貌とは釣り合いが取れない美貌の女性と結婚するというケースは、よく見るもの。

女はカオ、男はカネという時代において、女にとって男のカオは割とどうでもいいものであり、また男にとって女のカネもまた、どうでもいいものでした。結婚生活という長い期間をより快適に過ごすには、ちょっとばかりカオが良い男よりも、カネを持つ男を女は好んだ。また男は、自身のカオを立てるために、自身よりカネを持つ女を必要としていなかったのです。

そんな感覚を感じさせる最後の言葉は、「三高」です。バブル期の女性達は、経済力も学歴も身長も高い男性を求めたということなのですが、しかしそこには「自分よりも」という言葉が本来、入ります。様々な条件が自分よりも少しでも高い男性を、当時の女性達は求めていたのです。

この時代にもなると、女性もある程度は経済力を持つようになっています。学校を卒業してすぐ結婚する人はいなくなり、女性も皆、就職するように。一九八六年には男女雇用機会均等法も施行され、キャリア志向の女性も少しずつ登場するようになってきました。とはいえまだ大きかった、男女の経済格差。結婚後の生活のために、そして「何でも男が上の方が落ち着く」という日本人に長年染み込んだ思い癖のせいもあって、「三高」の男性を女性達は求めたのです。

しかしその後、状況は変わってきました。結婚しても出産しても働き続ける女性は増加。

そして男女平等が進む世において、会社で出世する女性も増え、起業する女性も、珍しくなくなりました。

結果として登場したのが、自分の力で多くのカネを稼ぐ女性達です。稼げそうな男性との結婚を目指して容姿を磨いたり、夫がたくさん稼げるよう内助に徹するといった回りくどいことをしなくとも、女性が自身の才能や努力をもって稼ぐという、シンプルな行動に出られるようになったのです。

そこで目につくようになってきたのが、女性の中での稼ぐ能力の格差と、それによって生じる経済力の格差でした。かつては、働く女性といっても補助的な業務のケースが多く、それほど大きな経済力格差は見られませんでしたが、今はやり方次第で女性も多くのカネを稼ぐことができるように。男性の世界では当たり前にあった経済力格差が、女女間でも目立つようになってきたのです。

稼ぐ能力を持つ女性が増えてくると、そんな女性達に対する男性の対応も、分かれてきました。〝稼ぐ女〟に素直に敬意を持つことができる男性は、そんな女性と高収入家庭をつくることに。対して、〝稼ぐ女〟に脅威を感じたり、自身のプライドが傷つけられたりする男性は、専業主婦願望の強い女性と家庭を築くようになります。

前者の場合は、生活に余裕はあるけれど男性も家事を担うことが必須となりますし、後者の男性は、家事は免れるが収入を得る人は一人しかいない、ということに。結婚をする時に、妻の経済力や、それに対する自分の認識をもしっかりと確認することが、男性にとっては不可欠になってきたのです。

そんな世において、どのような人が〝良い配偶者〟なのかという感覚もまた、昔とは変わってきました。たとえば多くの女性が結婚して専業主婦となった時代、女子校の同窓会においては、夫の会社や地位が、自慢の種となりました。子供がどの学校に入ったかも含め、自分以外の家族の状況が、主婦の序列をつくったのです。

対して今、状況は複雑化しています、同窓会に集まった人々の中には、働いている人もいれば、専業主婦もいる。既婚者もいれば、独身者もいる。そして子アリもいれば、子ナシもいる。……ということで、立場が皆ばらばらで、単純比較ができなくなってきました。お金持ちと結婚し、子供のお受験にも成功した専業主婦は、かつては同窓会において最もキラキラした存在でした。が、今時の同窓会には、外資系金融機関に就職して同僚と結婚し、自分も夫と同程度の高収入を得ている女性も出席しています。

彼女は子供も二人産んでいて、小学校受験にも成功している。かつては専業主婦の母親を持つ子供しか受からなかった小学校受験も、世の中の変化に伴いその限りではなくなってきたのであり、キャリア妻は仕事と同等の力をお受験に傾注し、見事に合格を勝ち取るようになったのです。

仕事も家庭もというキャリア女性を前にすると、専業主婦はどこか肩身が狭そうです。高収入女性が独身ならまだしも、彼女は結婚・出産・子供の受験と、自分と全く同じことをしているのに、自分には決して得られない高い収入とキャリアまで得ている。旧来型の専業主婦は、全てを持つ同級生と自分とを、つい比較してしまうのでした。

夫自慢のポイントも、ずれてきました。夫がどれほどの立場にあり、いかに稼ぐかは、かつての女性同士の関係において、わかりやすい自慢ポイントとなっていました。が、今時の高収入妻にとって、それはさほど大きなポイントではない模様。彼女達の夫自慢のポイントとは、夫が家庭を回していく能力をどれほど持っているか、ということなのです。

家の中の問題点は逐一話し合って、家事も子育ても夫婦で回していくのが、彼女達の家庭です。夫がしっかりと家庭運営に関わっていることがキャリア妻にとっては誇りとなるのであり、

「水回りの掃除はトイレも含めて全て夫がしているから、私はノータッチ」

などと言い放ち、専業主婦をうらやましがらせるのでした。

とはいえその辺りの感覚には、世代差があるようです。ＳＮＳを見ても、男女雇用機会

均等法の施行から十年以内に世に出た初期キャリア女性は、仕事も子育てもしながら家事の多くは自分が担っていることが見て取れます。

「帰宅後、一回も座ることなくすぐに夕食作り。時間が無い時の定番料理は、夫も子供も大好きな肉豆腐です。週末に作り置きしておく常備菜を添えました」

ということで、そこには美味しそうな肉豆腐と、煮物や和え物の写真が。「こんなに忙しいけれど食事は手作りしている頑張り屋の私」の存在が滲み出てきます。

対して若めの女性の場合は、

「今日は在宅勤務の夫が子供のお迎え&夕食準備。帰宅すると、夫の得意料理であるクリームシチューとコブサラダが用意してあった」

と、夕餉《ゆうげ》の写真がアップされています。

彼女のアピールポイントは、「夫も自分も同程度に家事をしている」という部分でしょう。同じように仕事をしているのだから、妻だけに家事・育児の負担が重くかかってよいわけがない。夫にも家事や育児を担わせることが、今時の女性の甲斐性なのです。

もちろんどの世代であれ、夫も家事・育児をすることは、時代の趨勢。となると、

「うちの夫は、お米を研いだこともないし、自分の靴下がどこに入っているかも知らないのよ」

という状態に夫を仕上げることがかつての専業主婦にとっては一種の誇りであったのが夢のように感じられます。

稼ぐ妻達にとっては、自分の稼ぎに対して夫がどのような反応を示すかもまた、気になるところです。今や、妻の収入が夫よりも多いカップルも珍しくありませんが、その事実に対しては、「卑屈にならず、頼りにしない」という夫の態度が、妻達からは求められているのでした。

少しずつ変化してきたとはいえ、「家の大黒柱は、夫」「家族のために稼いでくるのが、夫の役割」という認識は、多かれ少なかれ残っています。だからこそ、妻の稼ぐ能力が自分よりも高くなると複雑な気持ちになる夫もいるのだけれど、女性としてはそこで嫌みを言われたり、嫉妬されたりするのが最も困る。

ここでも、世代によって妻の態度は微妙に異なるようです。上の世代の高収入女性は、「自分の方が収入が上」ということに妙な負い目を持ってしまい、自分の方が家計負担を多く持ちつつ、夫の面子を潰さないような心遣いをしている模様。対して若い世代は、

「収入なんて、単なる数字だし」

などと、もっとあっけらかんとしているのです。

そして卑屈になられることよりもっと困るのが、「頼りにされる」ということである模

様。夫の会社が突然倒産したと聞けば、妻も、

「私が家族を養うから心配しないで」

くらいのことは言うのです。しかしその発言は、夫がすぐに次の仕事を見つけることが前提でなされるもの。家事を担うようになった夫が、

「主夫って意外に楽しいね」

と職探しをしなかったりすると、妻は「えっ」と思うのでした。高収入妻の中にも、「男はお金を稼いでくるのが当たり前」という意識はしみ込んでいるのであり、

「あの人の夫、働いてないんだって」

「ヒモってこと?」

「そうじゃなくて、主夫」

などと友人達に囁かれることは、決してよしとしないのです。

高収入妻、という新種の生き物が世に増えてきたことによって、このように世の中には様々な波紋が生じているのでした。彼女達の存在によって、かつてあった女性同士の和は、乱れています。夫に米を研がせなかった専業主婦達は、自身での経済活動はせず、消費活動のみを行う存在。その同類意識による和が女性達の中にしっかりとできていたのが、経済活動も消費活動も旺盛に行う女性達の登場によって、「みんな一緒」という意識が持ち

づらくなってきたのです。

以前よく言われた「主婦感覚」という言葉は、夫つまりは他人が稼いだお金を消費する立場として、手間や時間をかけて倹約するという意味合いを持っていました。が、高収入妻は忙しいため、三円安い卵を買うために隣町まで行く時間を、他のことに使いたい。夫婦どちらも仕事も家事もする家においては、「主婦感覚」はもちろん、「主婦」「主夫」といった言葉も消滅し、仕事も家事も育児も、人として生きるための当然の行為として捉えられているようです。

専業主婦を志向する女性も一定レベルで残りつつも、人材不足の日本においては、フルタイムで働く女性は増え、それに従って男性の家事負担度も増すことでしょう。男女の賃金格差も、少しずつではあれ、解消していくに違いありません。

「仕事だけしている人」と「家事・育児だけしている人」は、どうしても話が合いづらいものです。しかし性別に関係なく、仕事も家事も育児も担うようになっていけば、女性同士の間の分断も、そして夫婦間の分断も、薄れていくのではないかと思うのでした。

遅ればせながらの金融教育

　昨今、子供の頃からお金についての教育をしよう、という動きが広がっています。高校においては、資産形成に関する授業が必修に。成人年齢が引き下げられ、十八歳から親の同意なしにクレジットカードを作ったりローンを組んだりできるようになったということで、高校生のうちにお金について学んでおく必要が出てきたのです。

　のみならず、金融教育が遅れているため、海外と比べると日本人の金融知識はかなり低い、という事情もあるようです。私自身も金融知識に関しては全く自信がなく、普通預金と定期預金の違い程度しかわからない。金融商品の説明など聞いていると、目が虚《うつ》ろになって朦朧《もうろう》としてくるのです。

　金融の才を持つ人を見れば、学校で金融教育など受けずとも、何やら投資的な行為をして、お金を増やしている（増える時だけではないのだろうが）模様。

「毎年一回、ビジネスクラスでハワイに行くくらいは儲《もう》かる」

などと聞いても、

「へーえ、すごいね」

と、指をくわえるばかりなのでした。

金融教育は、早いほど良いとも言われているのだそうです。金融庁のホームページでは子供向けの施策として、

「うんこ先生と一緒に、ドリルで楽しくお金のことを学んでみよう」

という、うんこドリルと金融庁がコラボしたゲームなどを見ることができます。日本銀行や財務省もそれぞれ、子供向けのページを作っているのであり、今や国を挙げて、早期の金融教育を進めようとしていることがわかるのでした。

この流れの中で、「自分の時も、この手の教育をしてほしかった」と、悔しく思う私。「お金がたくさんあると嬉しい」程度のことしか考えてこなかった身からすると、きちんと学校でお金についての教育を受けられるとは、何と羨ましいことか。

試しに、金融庁のホームページにあった「カネールのKIN★YOUランド」で「金融カルタ」（お金にまつわる言葉についての説明を聞き、該当する言葉が書いてある札を取

る）にトライしてみたところ、私は「ディスクロージャー」「金融ビッグバン」といったカタカナ言葉だけでなく、「小切手」「手形」といったごく初歩的な言葉すらも曖昧にしか理解していないことが判明。まさに小学生以下の金融知識であることが判明しました。

振り返れば昔は、「子供はお金のことなんか考えなくていい」という考え方があったように思います。親から「うちにはお金ないんだからね」と常々言われているので、

「こんなに高いお肉を買っちゃって、大丈夫なの？」

などと家計を心配すると、

「子供はお金のことなんか考えなくていいの」

などと言われもしました。が、それ以外にも、お金は下品なものなので、無垢《むく》な子供はそのことについて考えなくていいのだ、という感覚もなかったか。

大昔、「士農工商」という江戸時代の身分について教わった時、

「お金は不浄なものと考えられていました。だから、お金に触れる商人は身分が低いとされたのです」

と先生から教わった気がしますが、江戸時代からこの「お金＝下品、不浄」という考え方は根強く続いているのかも。

しかし、世の中はお金で回っています。お金を使用せずに生きることはできず、水や電

気がインフラであるならば、お金もまたインフラ、と言いたくなるけれど公共の誰かが面倒をみてくれるわけではなく、自分の力でどうにか稼がなくてはならないという、厄介な回りものなのです。

生きていく上では、必須。だけれど、その話を大っぴらにするのは憚《はばか》られる。……という意味で、お金と性は似ています。できれば学校教育でも家庭教育でもその話題には触れないでおきたいので、それぞれが自分のやり方で、じわじわと知識を身につけてちょうだいね。……と、昔の大人は思っていたのでしょう。

しかしお金についても性についても、それでは手遅れになってしまうという認識が、ここにきて強まってきました。寝た子を起こしてでも正しい知識を与える方が、将来の道を間違えずに済む、という感覚になってきたのです。

性に関しては、耳年増というのか好奇心旺盛というのか、誰から習わずとも様々な知識を自主的に身につけていった私。しかしお金に関しては一切の才能がなく、放置されたらされっぱなしで、今までやってきました。「私は一生、金融の世界で『得』をすることはないのだろう。その分コツコツと働いて、ごはんを食べていかなくてはならない」と思いながら、書いた文とカネとを交換しながら生きてきたのです。

私のように、「お金のことを考えるのが苦手」という人は、決して少なくありません。

私としては今まで、それを日本風の「お金は不浄」という刷り込み、およびお金のことを子供に考えさせないようにしてきた日本の教育のせいにしてきました。

そんな私が「これではまずいのだろうな」とかなり深刻に思ったのは、新約聖書の、とあるたとえ話を読んでいた時です。

聖書には、様々な〝たとえ話〟が登場します。神やイエスは登場しないけれど、身近な題材を使って神の教えをわかりやすく伝えるのが、たとえ話。

その中の一つである「タラントンのたとえ」は、長い旅に出るにあたって、三人の僕《しもべ》にお金を預けた主人の話です。能力に応じて、僕Aには五タラントン、僕Bには二タラントン、僕Cには一タラントンのお金を預けて、主人は旅に出ました。戻ってくると、僕Aは五タラントンを原資に商売をして、もう五タラントンを儲けていました。僕Bもまた二タラントンを儲けたので僕Aと僕Bはそれぞれ主人から褒められ、さらに責任ある仕事を与えられたのです。

しかし僕Cに渡した一タラントンは、一タラントンのままでした。僕Cは、

「ご主人様は厳しいお方なので、下手に何かして、しくじってしまうのが怖くって」

などと言います。何でも僕Cは、地面を掘ってお金を隠しておいただけだというではありませんか。

主人は、

「だったら銀行に預けておけば、少なくとも利子がついたではないか」

と、僕Cを叱りました。結果、主人は僕Cから一タラントンを取り上げて僕Aに与え、それどころか僕Cを追放してしまったのです。

初めてこの話を読んだ時に私は、

「キリスト教、無理！」

と思ったことでした。最初から、僕Cには商才が無いのをわかっていたから一タラントンしか預けなかったわけで、CがAやBのように良い結果を残すとは、主人も思っていなかったはず。

だというのに、塩漬けにしておいたからといって金を奪って追い出すとは、あまりに厳しすぎやしないか。「主人」とはおそらく神のことを示すものと思われ、だとするならこの宗教はとうてい無理。……と、「そのままでいいんだよ」的な思想に包まれる国に生きる身としては思ったのです。

そこで思い当たるのは、キリスト教系社会の考え方と我が国の考え方の違いです。この話はもちろん、「お金を持ったなら、商売や投資をして増やさないとダメ」、ということを伝えたいわけではありません。与えられたものを死蔵させるのでなく、精一杯生かして次のステップへ行くべきだ、と教える話なのでしょう。

しかし、「与えられたものをどうにかして増やそう、できない者は追放！」という感覚は、「和を大切にして、みんな一緒にお米を作りましょう」的な国の者からすると、やはりあまりにハード。

かつてキリスト教国が、植民地をどんどん広げていったりしたのも、この手の感覚がベースにあるせいなのかもしれない、と私は思いました。タラントンという通貨単位は、才能すなわち「タレント」の語源となっているようですが、お金であれ何であれ、「持っている者」はそれをさらに増やしていく義務を持つ、という良くも悪くもアグレッシブな姿勢が、この神の影響下にある人々にはしみついているのではないか。

とはいえ聖書において、金持ちが優遇されているわけではありません。「金持ちが神の国に入るよりも、らくだが針の穴を通る方がまだ易しい」という有名な言葉もありますが、金持ちよりも貧しい人の方が、神やイエスからは常に優しくしてもらえるのです。

たとえばある時イエスは、金持ち達が献金をする様を眺めていました。するとその後、貧しいやもめが、わずか硬貨二枚を献金したのです。

イエスは、

「誰よりも多く献金したのは、このやもめだ。やもめは生活費を全て献金したが、金持ち達は有り余る中から献金しただけなのだから」

といったことを言ったのだそう。

この話と「タラントンのたとえ」を合わせて考えると、金持ちの家に生まれたり、お金を稼ぐ才能を持つ人は、その資質を生かしてじゃんじゃんお金を稼ぎ、稼いだお金をじゃんじゃん神に捧げるべき、ということになりましょう。死に際しては全財産を捧げることが、「らくだが針の穴」並みに低い確率で金持ちが神の国に行ける道、ということになるのではないか。

欧米でチャリティー文化が盛んであるのに対して日本では今ひとつ、と言われるのには、そのような背景も関係しているのかもしれません。もちろん欧米とて、真剣にキリスト教を信じている人ばかりではありませんが、しみついているものはあろう。

お金のことだけではありません。タラントンのたとえを読んで「まずい」と思ったのは、挑戦する精神を持っている者はどんどん富み、そうでない者は持っていた物を失ってジリ貧になる、という挑戦第一主義の教えでした。

主人は、商才もチャレンジ精神も持たない臆病な僕Cを哀れに思って、下働きとして雇い続けても良かったはずです。しかし主人はCの金をAに与えて、追い出した。商才もチャレンジ精神も持ったAはさらに豊かになり、そうでないCは金も居場所も無くしてしまうという、新自由主義的なたとえ話ではありませんか。Cを追放し、「死蔵は罪」と叩き込むことが、彼らにとっての優しさなのです。

現在の世界の大金持ちの顔ぶれを見ると、インターネットの世界でチャレンジングな業態を起こした欧米人の顔ぶれが並んでいます。彼等は、日本の大金持ちとはケタの違うお金を稼ぎだし、そしてきっとじゃんじゃんチャリティーもしている（はず）。その源には、挑戦しない人は悪人と同じ、という感覚があるのかもしれません。

挑戦しない奴《やつ》は排除、という厳しい主人の姿勢を見て、私はまた「キリスト教、無理」と思ったことでした。トヨタにおけるカイゼンくらいのことにはご協力できそうな気はするけれど、スタートアップ起業を手がける、的な方向には確実に向かわない自分。留学すらしていない、何なら東京以外に住んだこともない自分の、ノーチャレンジ精神を突きつけられたような気持ちになったのです。

「タラントンのたとえ」は、このようにかなりの衝撃を、私に与えたお話でした。だからこそ、若い世代への金融教育（ついでに言うなら性教育も）に関しては、「やっと始まったのか」との思いを抱いたのです。お金についても性についても、土俵に立たされてやっと「こういうものだったの！」と驚愕《きょうがく》してオタオタしながら戦ったら、途端に負けてしまうでしょう。しかしようやく、ルールや戦法を事前に学んだ若者が、土俵に立てるようになるのか、と。

地球上の多くの人々は、持っているお金の多寡で、人生のかなりの部分が左右されます。人生が長くなればなるほど、「色々なものは、金次第なのだなぁ」という感慨は、強まりゆく。

「お金で買えないものもある」

というのも、

「金持ちでも不幸な人はいる」

というのも事実だけれど、お金がかなりの幸福をもたらしてくれることもまた事実だし、お金で買える幸福とお金で買えない幸福は共存可能でもある。「お金がほしい」という欲求は、もはや人間の本能のようなものであり、だからこそ「お金がほしい」は、あまりみだらに口にしない方が上品とされるのでしょう。

多くのお金持ちは、あまり自分の幸福を声高に喧伝しません。不幸な金持ちや、悪い金持ちは目立つので、恰好の週刊誌ネタになったりもしますが、幸福な金持ちや善良な金持ちは、その陰にうんざりするほど存在します。

とするならば、お金に対する興味や愛など持たないふりをするのでなく、

「お金に興味があります」

「お金が稼げる大人になりたい」

と子供が素直に言うことができる世の方が、本当は健全なのかもしれません。

コロナ時代、親がリモートで仕事をする姿を見て尊敬の念が芽生え、

「将来は会社員になりたい」

と希望する子供が増えたそうです。

中高生のなりたい職業を見ると、トップには公務員や教員など、安定した職業が並んでもいます。確かにそれは悪くない道であり、自分の子供が「公務員になりたい」と言っていたら、少し驚くものの、「まぁ、安心だわね」と思うのでしょう。

しかし「安定した人生」とは、「お金のことをあまり考えずにいる人生」のことでもあります。「明日の米を買うお金が無い」ということもない一方で、「どうしたら多く儲けられるか」を考えないのが、安定した人生なのです。

日本の人々は、お金のことに興味がありすぎる人と、お金のことをなるべく考えずにいたい、もしくは興味の無いふりをしたい人とに、二分されています。後者の割合が高い日本は、アグレッシブな外国人からしたら恰好のターゲットなのでしょうが、きっと今後の世界ではますます、お金への興味とチャレンジ精神の多寡によって、格差や序列が決まっ

ていくに違いない。だとするならば、そんな世の中をうまく泳いだり戦ったりできる技術を学校で学ぶことの重要性も、高まっていきそうです。

中学の体育でダンスが必修になった後の世代とそうでない世代の「踊る」ことに対する感覚が大きく違うように、金融教育を受けた世代とそうでない世代の間にも、大きなギャップができることでしょう。が、お金の話になると朦朧としてしまう者としては、せめて若い世代には、しっかりとお金を理解できる能力を身につけて、金のかかる世を生き抜いてほしいものだと思うのでした。

おわりに

　自分は平和で豊かでぬるい時代に生まれて死ぬのだなぁ、と若い頃に思っていました。ところが今、それは間違いだったことがわかります。震災やコロナ禍を経験し、デジタル化や日本の斜陽化に揉まれ、「世の中がこれほど変わるとは」と、戸惑う日々が続いているのです。

　中でも地味にダメージをもたらすのは、ポリコレ意識の変化により、世が〝正しく〟なり続けていることです。様々なハラスメントはもちろん、他人を下に見たりカテゴライズすることもご法度。そんな正しい世では、自分の「正しくなさ」が日々、我が身を削るのです。

　とはいえそんな世においても、様々な格差や、人を上に見たり下に見たりする欲求は残り続け、その欲求は水面下で膨張しているのではないか。……という思いをもって書いたのが、本書となります。そして平板化が進む世においては、人々は差を乗り越える術を失い、微細な差にもつまずくようになったのではないか、と。

本書に皇室についての記述が多いのは、皇室は唯一存在してよい「差」だからなのでしょう。公的に認められた上つ方である皇室の人々を仰ぎ見るのも非難するのも、青人草《あおひとぐさ》にとって恰好の娯楽となっているのを見ると、「差」への愛、を実感するものです。

表面的な格差や差別は、今後も減少し続けるであろう日本。そうしてできたつるつるした世の中は歩きやすいだろうけれど、滑って転んでしまう人もいるに違いありません。つるっとした世では、段差の多い世よりもずっと、立つ時も歩く時も力が必要となるに違いなく、そんな世に向けて、今はせっせと筋力を鍛えるしかないのでしょう。

本書の刊行にあたっては、「よみタイ」連載中からウィットに富むイラストを描いてくださった石野点子《いしのてんこ》さん、素敵な本に仕上げてくださった鈴木千佳子《すずきちかこ》さん、そして辛抱強く最後まで伴走してくださった集英社の今野加寿子《こんのかずこ》さんに大変お世話になりました。この場を借りて御礼申し上げます。

二〇二四年　初夏

酒井順子

初出／集英社ノンフィクション編集部公式ウェブサイト「よみタイ」（2022年7月〜2024年4月）
編集協力／本文DTP：tripletta　校正：鷗来堂

酒井順子

さかい・じゅんこ

1966年東京生まれ。高校在学中から雑誌にコラムを発表。

大学卒業後、広告会社勤務を経て執筆専業となる。

2004年『負け犬の遠吠え』で婦人公論文芸賞、講談社エッセイ賞をダブル受賞。

著書に『裏が、幸せ。』『子の無い人生』『百年の女「婦人公論」が見た大正、昭和、平成』

『駄目な世代』『男尊女子』『家族終了』『ガラスの50代』

『女人京都』『日本エッセイ小史』、『枕草子』（全訳）など多数。

消費《しょうひ》される階級《かいきゅう》

2024年6月30日　第1刷発行
2024年11月11日　第4刷発行

著者／酒井《さかい》順子《じゅんこ》
発行者／樋口尚也
発行所／株式会社集英社
〒101-8050 東京都千代田区一ツ橋2-5-10
電話　編集部 03-3230-6143　読者係 03-3230-6080
販売部 03-3230-6393（書店専用）
印刷所／TOPPAN株式会社
製本所／株式会社ブックアート

 ISBN978-4-08-788116-5 C0095